中國價值

中国传统文化与社会主义核心价值观

曹雅欣 著

浙江工商大学出版社 | 杭州
ZHEJIANG GONGSHANG UNIVERSITY PRESS

图书在版编目（CIP）数据

中国价值：中国传统文化与社会主义核心价值观 /
曹雅欣著． — 杭州：浙江工商大学出版社，2020.1（2021.4重印）
ISBN 978-7-5178-3513-4

Ⅰ．①中… Ⅱ．①曹… Ⅲ．①社会主义核心价值观-
研究-中国 Ⅳ．① D616

中国版本图书馆 CIP 数据核字 (2019) 第 224679 号

中国价值：中国传统文化与社会主义核心价值观
ZHONGGUO JIAZHI：ZHONGGUO CHUANTONG WENHUA YU
SHEHUI ZHUYI HEXIN JIAZHIGUAN
曹雅欣 著

责任编辑	郑　建	
封面设计	林朦朦	
责任印制	包建辉	
出版发行	浙江工商大学出版社	
	（杭州市教工路 198 号　邮政编码 310012）	
	（E-mail：zjgsupress@163.com）	
	（网址：http://www.zjgsupress.com）	
	电话：0571-88904980，88831806（传真）	
排　　版	杭州彩地电脑图文有限公司	
印　　刷	杭州高腾印务有限公司	
开　　本	880mm×1230mm　1/32	
印　　张	5.5	
字　　数	138 千	
版 印 次	2020 年 1 月第 1 版　2021 年 4 月第 2 次印刷	
书　　号	ISBN 978-7-5178-3513-4	
定　　价	45.00 元	

本著作是以下项目资助成果：

（一）项目名称：浙江省教育厅课题：新媒体视域下高校思想政治工作突破"信息茧房"的策略研究（计划编号 Y201840028）

（二）项目名称：国学与社会核心价值观微课平台建设—MBA 学院人文素养模块"课程思政"课堂创新（项目代码：3100JYN4118002G-013）

教学成果奖：

（1）2019 年 6 月，《基于"六融合"系统的 MBA 大思政培养模式探索与实践》获得校教学成果奖二等奖 1 项（2019 年 6 月），浙商大教〔2019〕180 号

（2）获 2019 年校级研究生教育成果奖，浙商大研〔2019〕247 号（2019 年 8 月）

中國價值

中國傳統文化與社會主義核心價值觀

毛佩琦 題

封面题签：文化学者、中国人民大学教授 毛佩琦

序

一卷在手，感爱中国价值的永恒魅力

　　雅欣女士新著付梓在即，嘱我作序，我倍感荣幸。无论是从书稿本身的学术价值、公益意义，还是从我和雅欣多年的共事友谊，都是义不容辞的。故不揣谫陋，聊述数语，以表达我对雅欣新著出版的欣喜之情与祝贺之忱。

　　由十二个词组成的社会主义核心价值观，高屋建瓴，纲举目张，是立国之本、民族之魂，是时代精神的集中体现，也是文化自信的具体展示，它提供了营造中华民族共同精神家园的坚实基础，指引着国家进步、民族复兴、历史发展的根本方向。意义十分重大，影响至为深远。

　　那么，如何深层次科学准确地诠释这十二个词的社会主义核心价值观？使它的精髓更直观更形象地走进广大民众的心中，感化挹注，潜移默化，成为大家共同奋进的目标，共同努力的方向，真正揭示其伟大的价值，发挥其积极的作用，乃是一个重大的理论课题与现实需求，在这个过程中，人文科学工作者，是可以尽自己的一份力量，作自己的一些贡献的，换言之，解读和弘扬社会主义核心价值观，人文科学工作者责无旁贷，义不容辞！

要做好这种解读与推广，我个人认为，大致有以下三个维度可以考虑成为切入的方向：

第一，合理选择适宜的角度，立足于中国文化的本位。

毫无疑问，在当今经济全球化、政治多极化、文明多样化的世界中，中国怎么样保持自己的特色，自己的风格，自己的气派，怎么样对世界文明的进步做出我们自己应有的贡献，必须取决于选择正确的方向，立足扎实的工作，从战略的高度为文化的建设寻找到基准点与突破口。"众里寻她千百度，蓦然回首，那人却在灯火阑珊处"，这个突破口，确切地说，就是中华优秀传统文化的价值重估与精神振兴。

众所周知，中华传统文化沉淀于历史的长河，而又升华于现代社会，既是延续传统的纽带，又是开创未来的阶梯，它固然是指依存于经典之内的知识及其体系，更是蕴涵者为人处世，齐家治国的世界观、人生观、价值观。总之，一个伟大的民族，总是要拥有自己的精神、理想、道德情操和追求，而它们的载体，就是这个民族的文化传统。

因此，在解读社会主义核心价值观过程中，牢牢立足于中华文化本位，对于唤起文化自觉，恢复文化自信，实现文化认同，增强民族凝聚力具有重要意义。对于挖掘传统文化的当代价值，提高国人道德水准，提升国人的文化素养，建设和谐社会亦不无积极的价值。

构建与时俱进的社会主流价值观，建设社会主义先进文化，当然需要以马克思主义为指导，但仅仅讲以马克思主义为指导是不够的，而且以对共产党员的要求来要求每一个国民也是不现实的。

归根结底，中国历史文化传统，对于提高国人道德水准，提升国人的文化素养，乃至建设和谐社会都有很丰富的、可资挖掘、借鉴的资源。在道德教育方面，特别作为其主流的儒家思想，一向重视人的培养和规范，意在使人成为一个有良心、有道德、有教养的人，成为一个对国家、民族和社会以及家庭有责任感和义务感的人，并由此形成了一系列的道德准则和伦理规范，如"仁义礼智信温良恭俭让"等。当然，这些道德准则和伦理规范有其时代局限、阶级局限和理论局限，但也不能否认它们也具有普世和超越的价值。完全可以在与时俱进的基础上加以利用。

因此，在解读社会主义核心价值观过程中，牢牢立足于中华文化本位，对于增强我国文化竞争力，提升国际影响具有无可替代的作用。中国传统文化中有很多具有普世价值的思想和主张，有如璀璨的明珠闪耀在世界文明的天空。比如"和而不同""己所不欲、勿施于人""忠恕之道""中庸之道""天人合一"等等，对于应对当今世界的重大问题，处理人与自然、国家与国家之间的关系等都是非常宝贵的资源。

虽然文化多元化的要求已成为全球性的呼声。然而，现代社会的话语霸权、文化霸权同样存在。在与强势文化的争夺中，放弃自身固有的传统文化就意味着全盘西化，就意味着放弃自己的优势。从这个意义上来讲，弘扬中国民族传统文化，不仅是我国政治、经济、文化协调发展的需要，而且也是应对日趋激烈的国际竞争，增强综合国力，实现中华民族伟大复兴的需要。

因此，在解读社会主义核心价值观过程中，牢牢立足于中华文化本位，对于促进"马克思主义的中国化"和形成"中国化的马克思主义"，完善中国特色社会主义理论体系不无重要的作用。

中华文化是一个不断继承、吸收、借鉴、创新的过程。因此传统文化是"活的传统"，而不是"死的传统"。"马克思主义中国化"的历史过程，也是一个既有继承又有创新的过程。既是一个把马克思主义基本原理与中国实际相结合的实践过程，进而进行理论升华的过程，也是一个把马克思主义基本原理与中国历史文化传统相结合的理论化过程，进而形成有中国内容、中国气派、中国特色和中国语言所表述的"中国化的马克思主义"。

外来文化观念无论怎么先进，怎么合理，怎么优越，如果在本土传统文化中没有相对应的因素，那么外来文化观念是很难在本土扎根或者发展的。马克思主义作为一种外来的理论，之所以能在中国扎根、发展，或者说中国之所以接受马克思主义并走上了中国特色的社会主义道路，就是因为中国历史文化传统中也有不少重要的思想资源，同马克思主义相对应、相契合。与此同时，马克思主义的引进和传播，也唤起了中国传统文化中那些与之相对应、相契合的因素，使其以一种新的形式获得了新的生命力，并且成为我们党理论发展的重要营养元素。

所谓"中国特色"不仅包含改革开放四十年来的伟大实践，也包括新中国成立以来的伟大实践，甚至也包括中国几千年来文化传统的某些因素。当然，我们党的理论学说是对中国历史文化传统的批判性继承和根本性超越，中华传统文化并不是要取代马克思主义，但是，马克思主义与中国历史文化传统紧密相联系，以之为基础和依托，不但有利于促进"马克思主义的中国化"和形成"中国化的马克思主义"，也有利于人们理解和接受党的理论主张，扩大党的理论主张的吸引力和影响力、亲和性和民族性。

从这个意义上看，雅欣的新著，以中国传统文化作为立论的基本命题与讨论的主要资源，据此为座标与参照，系统全面解读社会主义核心价值观，这无疑是高明而睿智的选择，因为这样的努力，才能够准确地抓住了问题研究的重心与方向，才能够以一驭万，纲举目张，融会贯通，事半功倍，从而真正走上正确领会与掌握社会主义核心价值观历史渊源与文化特征、时代精神的康庄大道。

第二，注重于内涵的独创性、结构的系统性、学术的前沿性、解读的科学性，具有强烈的问题意识，汲汲于发他人之所未发，致力于学术的创新、研究的深化，从而在同类题材的研究成果中独树一帜，使自己的解读做到具有不可替代性，拥有存在的价值。

学术研究，无论是纯粹的理论探索，还是侧重于学理与应用的结合，着眼于文化的弘扬与传播，都以创新为宗旨，以深化为鹄的，这是学术成果富有生命力的根本标志。众所周知，以中国传统文化为参照座标和基本资源，解读社会主义核心价值观，这方面进行尝试者不乏其人，也已推出过不少数量的学术成果，这无疑是有价值的，也是不无启迪意义的。所谓"与其全面的平庸，不如片面的深刻"，在某种意义上讲，不无一定的道理。

雅欣的新著如何在学术界取得已有成绩的基础之上，不落窠臼，务去陈言，开拓创新，别开生面，对于年轻的她来说，应该说是一个相当严峻的挑战。令人欣慰的是，雅欣很沉着地迎接了这种挑战，在梳理中国传统文化，揭示中国价值，科学系统解读社会主义核心价值观方面，匠心独运，提玄钩要，新义迭呈，创见良多，确保了自己新著拥有了独立存在、足资启发的重大价值。

这首先是形式的创新，形式不等同于内容，但恰当的形式对于内容的表达，还是有其积极的作用的，这就是所谓"文质彬彬"。雅欣的新著，在内容叙述的形式上，由三大板块组成，"传统文化论价值观"，这是穷本溯源，从历史文化演变的角度，系统梳理了社会主义核心价值观的来龙去脉；"历史故事讲价值观"，属于将抽象的理论命题加以生动、具体的形象化，从而使价值观的内涵与精髓，通过具体历史现象(人物与事件)得以具体呈示，深入浅出，雅俗共赏，帮助人们能够便捷地领略其风采，把握其要领，体会其精神；"学习理论说价值观"，则是从现实生活的视域，理论联系实际，致力于古今一线牵，推陈出新，打通古今，古为今用，共生互补，使博大精深中国传统文化的宏旨精华得以实现当代功能转型，使社会主义核心价值观的精髓要义得以充分揭示。

其次，也是尤为重要的，是内容的翔实富赡与解读的新颖别致，这才是书稿特别出采，富有价值的独到价值之所在。中国古代经典浩如烟海，汗牛充栋，中国传统文化博大精深、异彩纷呈，如没有自己睿智的眼光，聪慧的悟性，则无法去芜存精，如没有自己高明的识断、独到的分析，则不免人云亦云。雅欣的努力，最令人钦佩的是，她善于思考分析，烛隐发微，从他人所忽略处发现问题，进行自己的科学解读。如"民主"，一般人通常只是从制度层面或操作层面来加以理解认知，这不能说完全不对，但是，难免存在着局囿，过于狭隘化了，而且容易与所谓的"普世价值"杂糅在一起，引起歧义，导致治丝益棼、莫衷一是。如今雅欣的解读则是另辟蹊径，回归"民主"的本义，重点发掘"民主"一词中所蕴涵的哲学思考与济世情怀，指出"民主"的核心宗旨之三个层次：以民为主、为民做主、由民作主，分别对应了三大责任：社会的责任；国家的责任；民众的责任。应该说，这样科学理性的解读，真正做到了中国文化背景下"民主"概念梳理上的正本清源，功莫大焉！

第三，致力于解读上的深入浅出、雅俗共赏，使学术研究成果的表述形式合乎时代的特征，满足广大普通读者的阅读兴趣与接受方式，将研究心得的归纳与推广传播上的生动化、多样化、平易化落到实处，为中华文化的传承、弘扬与光大做出了自己不懈的努力！

学术成果的推广，都有一个功能转化的问题。这中间，如何寻找到恰当的形式，一直是个难题。孔子尝云："言之无文，行之不远。"可谓一针见血，尤其是面向普通非专业人士的读物，尤其需要接地气，以人们喜闻乐见的方式，参与人们精神家园的营造。其实，早在《中庸》一书中，先哲已就学术的发展提出了具体的要求，即"君子尊德性而道问学，致广大而尽精微，极高明而道中庸"，学术的发展既要发挥自身德性之善，又要学习前人的成就；既要致力于学术的广大境界，讲求普适性，又要探索其精深处；既要追求高明，又要使学术不脱离中庸之道。可是，事实上后世学者基本上是沿着"尽精微"、"极高明"的路子去而不返，忘却了先圣"致广大"、"道中庸"的教诲，这一点，宋明理学及近现代的新儒家们尤为明显。他们把儒学理论演绎得越高深精微，则去普通民众越远，去日常生活越远。学术的发展，不是比高深精微，而在于能改善世界，使世界变得更为合理。学术研究者如果不把研究的出发点放在寻常百姓的人伦日用上，不立足于现实世界，无论他的学说多么高深玄妙，注定是鉴赏品，注定在民众中没有生命力。很显然，今天的文化研究应该回归"致广大"和"道中庸"，而不能一味"尽精微"、"极高明"。换言之，就是要打破壁垒森严的专业与业余界限，跳出高雅与通俗的人为圈子，让专业文化工作者放低身段，离开高高的象牙之塔，走向社会，融入大众，以深入浅出、雅俗共赏的方式，弘扬健康的文化观念，传播正确的文化知识，与更多的大众分享哲学的智慧，反省历史的经验，化腐朽为神奇，变深奥为平易。使尽可能多的人消除对传统文化有形无形的隔膜，使阅读历史文化，认识历史文化，借鉴历史文化成为社会大众生活中的有机组成部分。

　　雅欣的新著，在研究与传播方式的普及化与通俗化方面，也做出了积极的努力和有益的尝试，这是令人欣慰、令人鼓舞的。她从历史文化的源头，寻觅溯源中国价值的由来，这从传统的学术理路上说，可谓是"考据之学"；她借助历史人物和历史事件生动诠释和说明中国价值的内涵，这从传统的学术理路上讲，可谓是"辞章之学"；她立足于当下，致力于传统文化的当代转型，从哲理的高度认知中国价值的精髓，这从传统的学术理路而言，可谓是"义理之学"。多管齐下，刚柔相济，文质互补，相辅相成，使得这部新著既不乏学术的创见、文化的深度，又富有平民的精神风貌、吻合大众的审美需求。更为可贵的是，雅欣的新著在继续传统出版的方式进行传播的同时，还借助了现代科技手段，配置了多种阅读形式，最大程度上为满足了信息化时代不同读者群体的学习需求，真可谓是"与时迁移，应物变化，指约而易操，事少而功多"。

以上所述，仅仅是我自己一点感受而已，完全不足以道出雅欣新著的特色与价值，挂一漏万，甚至不免于郢书燕说之弊。不当之处，还希望雅欣女士与广大读者多加包涵，惠予雅谅。

是为序。

中国人民大学国学院教授、博导　黄朴民
2019年2月18日于中国人民大学国学馆

目 录

传统文化论富强

富　强

社会主义核心价值观在国家层面的第一个价值目标，是"富强"。

"富强"这个概念，相对应的是"贫弱"。正因我们在近现代史上感受到了太长久、太深重的贫弱，所以在国家层面的价值观上，"富强"作为首要目标被提了出来。"富强"的声音，是我们整个民族心底呼喊了太久的一个共同声音。

"富强"这个词，是一个并列性词语：民富而国强，才是属于国家的真正富强。

人民富足，是一国存在的根本意义；

国家强盛，是人民生活的重要保障。

因此，"民富"和"国强"，是相互成就、互为表里的一对概念。

（一）民富——衣食富足

民富，在国学的论述里，是一种什么样的状态呢？战国时期的孟子，曾对想要治理好邦国的梁惠王说：

"五亩之宅，树之以桑，五十者可以衣帛矣。鸡豚狗彘之畜，无失其时，七十者可以食肉矣。百亩之田，勿夺其时，数口之家可以无饥矣。"

《孟子》里讲的是，让人们通过正常有序的劳作，可以穿上帛、吃上肉，这就是"民富"。其实，孟子所说的五十岁、七十岁，只是一种泛指，衣帛、食肉，也只是一种指代。他真正提出的指标，是人民生活中最基本的两项保障：丰衣和足食。

衣、食这两项，在我们当代的都市生活中，早已都是习以为常的生活必需品了。然而纵观人类历史上在物质方面长久的供不应求，横看当今世界上部分区域连年的饥荒饿殍，我们才会意识到，丰衣足食、物阜民丰，这实在是一种非常可贵的幸福，是"民富"最重要的体现。

所以晋代陶渊明在《桃花源记》里，描写他所幻想中的世外桃源时，就形容道：

"土地平旷，屋舍俨然，有良田美池桑竹之属。阡陌交通，鸡犬相闻。其中往来种作，男女衣着，悉如外人。黄发垂髫，并怡然自乐。"

他幻想着，有一方乐土，人们在那里安居乐业、衣食无忧。这样的平实生活，就是陶渊明心目中的理想国了，就可以令男女老少怡然自得了。

到了清代，人们的诉求依然如此。清初艺术家李渔，在他的《闲情偶寄》里就说："谓一朝富有，男可翩翩裘马，妇则楚楚衣裳。"衣冠楚楚、宝马香车，民众能过上这样的生活就是社会富有的表现——由此，可以映照出，当下每一天的车水马龙、每个人的鲜亮衣着。

（二）民富——文化富足

丰衣足食，这是生活富足的层面；而真正的民富，还要追求生命富足的层面——也就是在物质富足之后的精神富足，即在经济富足之后的文化富足。

因此，孟子在对梁惠王的论述中，说完"衣帛""食肉""无饥"之后，就马上说到了文教，他说："谨庠序之教，申之以孝悌之义，颁白者不负戴于道路矣。"在孟子心中，给民众以教化，让大家都能懂得礼仪规范、仁义道理，这才是民富的更高表现。

而孔子把这层意思阐述得更清晰，《论语》里就记载说：

子适卫，冉有仆。子曰："庶矣哉。"冉有曰："既庶矣，又何加焉？"曰："富之。"曰："既富矣，又何加焉？"曰："教之。"

周游列国的孔子，看到卫国人口众多、熙熙攘攘，就通过与学生冉有的问答表明，一个国家，在人口增长之后，还应当使人民富裕，而使人富裕之后，还要给人以教育。就此，孔子提出了社会发展要经由"民富"而"文昌"的必要顺序。

所以我们就能够领会到，一个民族提倡文化兴国、重视文化软实力的必要性。因为，文化教养，标志着民富的层次。

如果没有建立起稳固的精神家园，人的心灵就不能算是找到了安居乐业之所；

如果没有培育起文化滋养的心灵沃土，人的生活就不能算是充实富足。

因此《易经》会说，"观乎人文，以化成天下"。以文化人的过程，就是文明推动的过程，就是文化兴国的过程，就是一个人学习和提升的过程，就是一个民族构建精神家园的过程，就是一个社会经由民富而达到文昌的过程。

所以，"民富"的含义有二：

需要达到生活的富足，也就是物质富足，丰衣足食；

更需要达到生命的富足，也就是精神富足，以文化人。

（三）国强——政治强盛

如果说，一国的财富，主要由经济和文化所组成；那么，一国的强盛，主要由政治和军事所构成。

政治的强盛，体现为对内的国家统一，以及对外的国际影响。中国历史上不断重复着虽"合久必分"，但"分久必合"的规律，对江山一统的追求，成了国家层面恒定的战略。因为历朝历代的政府，都深深认识到国家统一的重要性。疆土归一、政权稳定、民族团结，才能使国内资源在最大程度上形成合力，形成势不可当的大国力量。

纵观历史上但凡长治久安的王朝，一定都是总体上来讲国家统一、疆域辽阔、民族相安的时代，比如汉、唐、明、清。九州一统、天下归心，这是所有朝代的政治使命，也是历史发展的客观规律。正因此，分裂祖国的行径才那么地不可饶恕，因为国家分裂、政治飘摇，削弱的是民族的整体实力，损害的是国民的生活保障，造成的是历史进程的困境甚至是倒退。

九州同心之后，国家便可向外谋求国际上的影响力。中国古代希望达到的理想状态是"万国来朝"，是"大国气象"，是期盼在国际关系中，成就政治上的足够权威。然而对外强盛的这个政治共同体，在中国古人看来，不是以对世界的称霸、对区域的强权为野心诉求，而是以"四海一家""互通有无"为理想追求，是以自身的强大来赢得彼此尊重为上，是以国家的强盛而有余力回馈他国为荣。所以中国大多数强盛王朝所沿袭的优异传统，是保护附属国家、优待远方友邦，是给出灿烂文化、送出丰富物资，而非强势凌人、干涉他国内政，或仗势欺人、贪婪开疆扩土。

中国文化认为，政治的强大，应该表现为一种自尊自重、自省自强的自信力，是像孔子信心满满所说的"虽百世，可知也"——只要遵从正确的历史得失经验，百代之后的社会情形也尽可以掌握——虽然孔子之言本意论述的是礼仪制度，但我们可以将礼仪之邦的精神，引申为社会发展的道理。中国文化认为，政治强大的根本，在于规范自我的风度，而非凌驾于人的霸权。

（四）国强——军事强盛

如果说一个国家政治强大的形态，有外放型也有收敛型，那么，军事强盛的状况，就常常被人理解为血脉偾张的战无不胜、所向披靡的攻无不克。其实，军事强大的理想状态，更应呈现为维持稳定的静态守备，而非冲锋陷阵的动态进攻。

兵强马壮，威仪赫赫，声名远播，国威远扬，敌人敬畏不敢来犯，这就是"强军梦"的本质追求；而热衷征伐，使家国沦陷于战火，并不是军队建设的本来目的。

中国人的"强军梦"，是"不战而屈人之兵"的兵不血刃，是不战而胜，是杜绝穷兵黩武；而一旦不可避免地开战，又是"上下同欲者胜"的动如雷霆，是报效祖国、奋不顾身，是同仇敌忾、与子同仇。

所谓泱泱大国，不仅仅是看起来人口多、收入多、土地多、资源多，而是真正能在国家形象上，体现出精神之大、责任之大、气度之大、实力之大。

政治的强大、军事的强劲，这两方面共同构成了国家的强盛。而国家强盛的内在自信和恒久保障，又是以强而不霸、盛而不骄为智慧准则，这也是中国文化里中庸之道、守中致和的高明体现。

所以，说到"富强"，我们所期待的，是一个民富而国强的中国，是经济富庶、文化繁荣、政治强大、军事强盛的国家。

而对于我们每个人来讲，如果我们在追求生活富裕的道路上，同时兼以文化修身；如果在我们维护领土完整的爱国之心里，更坚决捍卫着国家尊严——那么，中国的富强，有你，也有我。

历史故事讲富强

富强的历史故事

富强，谓指国家的富足和强盛。政治、军事、经济、文化等各方面的共同富强，最终达到整体性的国富民强。

《管子》记载说："主之所以为功者，富强也。故国富兵强，则诸侯服其政，邻敌畏其威。"国富兵强，国威赫赫，这是古人为政治国时，怀揣高度危机感而心心念念要努力达到的富强方向。而近现代以来，由于中国曾经的贫弱，国人心里烙印了太多"落后就要挨打"的惨痛记忆，所以詹天佑才渴望："各出所学，各尽所知，使国家富强不受外侮，足以自立于地球之上。"因而，本章就主要从政治军事强盛的角度，来讲一讲中国历史上的富强故事。

国家富强的首要标志，就是有能力捍卫领土完整、保护国民安全，兵强马壮，守家卫国，令宵小无敢来犯。汉武帝时期，汉王朝经过了建国初期的物质积累、休养生息，国家逐渐富足，国力积蓄充足，再也不必忍受长久以来匈奴的南下骚扰。于是，汉武帝决心反击，派出卫青、霍去病等将领征伐匈奴，经过勇猛而智慧的多次讨伐，取得了根本性的胜利，击溃匈奴，大扬国威。在此基础上，才有汉元帝时代的将领陈汤，给皇帝上书击退匈奴的胜绩时，豪情万丈地写下了："明犯强汉者，虽远必诛！"——这就是后来那句著名的话"犯我中华者，虽远必诛"的原型来处。

国家富强，才能发出这样由衷自豪的宣告。而今天常听到的这句振奋人心的标语，与百年前"东亚病夫"的标签相比，更是令人真切感受到国家富起来、强起来的深刻对比。

而承接汉朝"明犯强汉者，虽远必诛"这份实力和精神的，还有明代抗倭史上的雄武和强悍。明万历年间，中国应朝鲜国王唯恐被灭国的危急恳求，派出军队到朝鲜半岛，帮助这个藩属国抵抗以丰臣秀吉为首的日本军的侵略。就在中国为朝鲜全面击退了日本的武装侵略之后，征倭将士凯旋时，万历皇帝的诏书中有力地写道："义武奋扬，跳梁者，虽强必戮！"

从汉代的敢犯我者虽远必诛，到明代的跳梁小丑虽强必戮，再到今天的犯中华者虽远必诛，堂堂正正的口号、掷地有声的宣言，这样的决心，这样的底气，无不彰显着一个国家的富强根基与精神力量。

既然说到明代的抗倭历史，就不能不讲戚继光的故事。明朝建国之后，那些主要来自日本的海上倭寇，时常骚扰中国东南沿海居民，烧杀抢掠，为非作歹。而到明嘉靖年间，这种态势已演化得极为恶劣，倭寇上岸抢掠，通常是残忍狠厉又速战速决，一阵风卷残云过后就游走而去，令官兵不易攻打，极为头痛。此时，戚继光挺身而出，他多年苦练武功、熟读兵书，并且通过大量艰苦卓绝的实战斗争，在总结古今用兵智慧的基础上，创新性地研发出了对付倭寇的战术战法。

戚继光重新招募兵士，通过严格训练，培育出所向披靡的"戚家军"；他将理论和实践结合，变通性地开创了与倭寇作战的"鸳鸯阵""五行阵""三才阵"等作战阵法，歼敌无数；他威风凛凛地打退了多年来盘踞江浙地区的倭寇之后，又南下保卫福建人民的家园，继续击退了那些在江浙失败后转而到福建来侵袭百姓的猖獗倭寇。

当时，以戚继光为代表的抗倭兵马，镇守东南，护卫家国，终于令"百姓欢悦，倭寇丧胆"。他们，用护国安邦的勇武和正气，展现了国力，树立了国威，守卫着国土，安定着国民，彰显着无坚不摧、凛不可侵的国家风范。

正如戚继光在青年时代就写下的诗句："封侯非我意，但愿海波平！"海波平，就是国泰民安，就是国富民殷，就是繁荣昌盛，就是国民自信。

《史记》曾讲，一国富强的状态是："移风易俗，民以殷盛，国以富强，百姓乐用，诸侯亲服。"也就是说，文化昌明，民众富足，国力强盛，百姓安居，外国友邦能和谐亲睦——这样的综合盛况，就是国家富强的理想和方向。

学习经典说富强

凡治国之道，必先富民

国家主席习近平于2015年11月18日在菲律宾马尼拉出席亚太经合组织工商领导人峰会并发表题为《发挥亚太引领作用 应对世界经济挑战》的主旨演讲。

习近平主席在演讲中说："中国古代哲人说：'凡治国之道，必先富民。'发展的最终目的是造福人民，必须让发展成果更多惠及全体人民。"

（一）民

"凡治国之道，必先富民"，这句话出自《管子》。管子其人，更常见的称呼是管仲，他被赞誉为"春秋第一相"。管仲在齐国为相期间，励精图治，大兴改革，使齐国迅速崛起，卓异于春秋各国。孟子著名的文章《生于忧患，死于安乐》里，称颂那些起于寒微、杰于当世的英雄人物，其中讲到一句"管夷吾举于士"，管夷吾，就是指管子。

"凡治国之道，必先富民"，意思是说，治理国家的原则，首先是要使人民富裕。

人民的生活状况，就反映了国家的生存状态；人民的富裕程度，也体现了国家的富裕水平。

国家的发展宗旨，是为了保障人民幸福安康；国家的存在目的，是为了维护人民安定富足。

国与民，相辅相成；民与国，相存相依。这就是，国富则民安，民富则国强。

（二）先

为什么治国之道首先是要实现人民的富裕呢？孔子当年周游列国到卫国，就阐述过这样的道理：

子适卫，冉有仆。子曰："庶矣哉！"冉有曰："既庶矣，又何加焉？"曰："富之。"曰："既富矣，又何加焉？"曰："教之。"

这是《论语》中记录的一段孔子与学生冉有之间的教学问答，也是一份关于国家治理的严肃讨论。看着卫国人多热闹的景象，孔子就提出，安置这样多的百姓，必须要使他们走向富裕。"富之"，就是富民。

可以说，富民，是社会治理的责任，是国家稳定的保障，是百姓生活的要求，是时代发展的基础。

我国人口众多，如果不能走向共同富裕，就容易导致集体暴乱。在历史上，流寇的产生、暴动的发生，往往是由于土地兼并，农民失去了赖以耕种生存的家园，常常是由于社会不公，民众丧失了劳动致富的保障——归根到底，是因为民众被剥夺了"富"的可能性，迫不得已才生了"乱"。

有"富"才有"泰"，国民心态的平和稳定、社会气氛的祥和安泰，物质富足是基础；

有"富"才有"裕"，国民生活的从容大度、各项发展的游刃有余，物质丰富是保障；有"富"才有"强"，国民精神的强健有力、举国上下的强盛繁荣，物质财富是后盾。

所以"富强"是在社会主义核心价值观十二个词里，被首先提出来的一个价值目标，正如《管子》里说"治国之道，必先富民"，富民是国家治理的首要任务。家国福泰，国民富裕，国家富强。

（三）富

值得注意的是，"富"的概念，绝不仅是指物质层面的富裕，同时也要求精神层面的富足。

正如上述《论语》所言，孔子对于国家治理的看法，在说完"富之"之后，立即就说了还要"教之"，也就是在实现"富民"之后，必须要完成"教民"的任务，否则，一个社会就算不得真正富裕，一个国家就算不上真正富强。

经济发展，是社会发展的第一阶段；文化繁荣，是社会发展的更高阶段。物质食粮与精神食粮的双丰收、经济家园与精神家园的同富足，才是完整丰盛的"富民"之举。

因此，衡量一个国家的发展水平，绝不仅看经济指标，更要看文化指标；绝不仅看国民收入，更要看国民素质。

"富民"的第一阶段，只反映社会发展的程度；"富民"的更高阶段，才体现国家发达的高度。

纵观往昔，盛唐万国来朝的时候，流连在长安的各国民众，他们不远万里前来，不只心动于物资的丰富，更是心折于文化的魅力，所以要虔心学习唐朝的制度、建筑、服饰、诗歌……经济之富的生产力，虽会使人艳羡，也会使人觊觎；而文化之富的向心力，却会令人尊重，更会令人拜服。

当今世界也是一样，当中国经过四十余年的改革开放，在经济成果上取得了奇迹般的辉煌成绩，中国自然而然就成了世界各国眼中的利益场：中国人到各国旅游，都展现着非凡的购买力；各国资本入驻中国境内，都意味着广阔的市场前景……但是，经济富足，只会使他国需要我们，不会使他国尊重我们。

只有文化繁荣，才会使世界不仅需要中国，更要尊重中国；

只有文明昌盛，才会使世界不是畏惧中国，更是学习中国。

文化富足，我们才既富且贵；

文化自信，我们能更加自强。

"凡治国之道，必先富民"，富民的期待，是经济发展，更兼文化繁荣，是国民富裕，更是祖国富强。

传统文化论民主

民 主

社会主义核心价值观在国家层面的第二个价值目标，是"民主"。

"民主"这个词，在西方价值理念的影响下，被人们普遍认为是专指一种现代化的社会制度：民主的国家，就是人民当家做主的国度，以平等和少数服从多数的原则，用广大民众意见削减政府中央集权。

这自然是一种文明进程中的社会制度。但同时，"民主"这个理念，如果仅仅被理解为是属于制度层面和操作层面的，那就大大削减了这个词里包涵的哲学思考和济世情怀。因为，制度和手段都存有因时因地因人而异的局限性——制度，从来不是千篇一律、一成不变的，手段，也只是众多治理方法中的一种。

而曾经站在中国历史文化高峰上，进行着顶层设计和文明探索的那些学者，他们视角中的"民主"概念，是一种超越了一时一地限制、超越了技术层面的历史大观念。"民主"传达出的终极目的与济世关怀，具有永恒意义，更因不受时代制度变迁所限而经典。

（一）以民为主

"民主"这个词，在中国文化中，首先有"以民为主"的含义。

《尚书》说："民惟邦本，本固邦宁。"人民才是邦国的根本，人民是国家的首要。由此看来，《尚书》虽为上古文献，却早早就提出了治国要"以民为主"的思想。这一部被历代治国者都奉为"政治课本"的古书，甚至十分严厉地训诫统治者说，"民之所欲，天必从之"，以及"天视自我民视，天听自我民听"，人民的意愿就是上天的意愿，人民的眼睛就是上天的眼睛，人民的耳朵就是上天的耳朵——这其实是在表明：民意就是天意。那么，如果说"民"就是"天"，中国古代的统治者将自己称为"天子"，要替天行道、要奉天行事，就必须奉从人民的意志、满足人民的需求。天子，不仅不能为所欲为，反而必须顺从民意。

以民为主、民比天大，这样的思想，使得最高统治者必须想人民之所想：人民的想法就是他的想法，人民的愿望就是他的愿望，他只是带领民众驶向美好生活的掌舵者而不是做主者，他甚至应该无限地弱化自己的意志，淡化自己的色彩，才能彰显和顺乎人民群众的意愿。所以《周易》中论述君王之道的乾卦就说"群龙无首，吉"，当社会领袖已经化入寻常道之中，不再看见他高高在上的权威身影时，便是吉利之相。再联系前面《尚书》中所讲的"天视自我民视，天听自我民听"，那就是说，天子之眼耳鼻舌身意，都是反映民众之眼耳鼻舌身意的一部分，而不是突显自己个人权威的独立存在。

而《老子》中也说"太上，不知有之"，说"功成事遂，百姓皆谓：我自然"。老子的意思是，在最好的时代里，人民只是隐约感觉到统治者的存在而已，也就是，统治阶层虽超乎于民却顺乎于民，不与人民产生明显的距离，也不过度凸显权威的作用；老子又称，这样的统治者，他为百姓谋福利成功了，人民却感觉，这本就是老百姓自己顺其自然的发展状态，本就是生活该有的样子。

这难道不是一种最大程度的"以民为主"吗？统治者作为效劳于民的一个掌舵者，却早已无限虚化了自我个体的声音与功绩，在这大地上，只有人民作为主人的自在身影。

《尚书》《周易》《老子》出现稍早，而《孟子》晚出。儒家孟子目睹当时社会变得更为礼崩乐坏、甚嚣尘上，在他的思想论著里更为明确地指出："民为贵，社稷次之，君为轻。"他认为，连国家社稷的朝代更迭都不如人民重要，朝代更迭中的君王个体就更不重要了，天下所有的贵重，全都在民众身上。由此可见，无论统治上层如何兴衰往来，无论社会制度如何风云变幻，那贵重不变的，始终都是人民大众。

以历史的眼光来看，所有的朝代更迭、制度变迁，都是岁月洗礼中你方唱罢我登场的过客；唯有广大人民，才是在任何社会、任何时代中都永世不变的主人。

所以，中国传统文化里的圣贤，是为这亘古不变的人民而思考命运的。他们与政客不同：政客的服务对象是当权者，而圣贤的关怀对象是为民者。他们的思考理念，不是仅为时政出谋划策，而是能为天地立心、为生民立命，因此，才体现着最为本质的人文关怀，才沉淀为岁月洪流中永不淘汰的金玉良言。

（二）为民做主

"民主"在传统文化里的第二层含义，是"为民做主"，这个概念，是对于治国者、国家政府而言的。

除了一些极端的无政府主义，所有形态的国家，都必然要形成统治部门，来代表人民实现对国家的治理——无论这个统治阶层是由世袭担当还是由选举产生。所以，人们就要求国家统治者能够为民做主。

中国文化里"民主"一词的最早出处，是《尚书》中说的"天惟时求民主，乃大降显于成汤"，意思是说，上天在寻求民之主，于是就出现了明君成汤。这里的词"民主"，是指人民的主人，也就是国家统治者。那么，什么样的人，才配为人民之主呢？《尚书》里又说"皇天无亲，惟德是辅"，上天没有偏私亲近的人，天意只辅助贤德之君成事。既然要求是贤德之君，那么君之德的最大体现，就在于能为民做主，所以《荀子》又说"天之生民，非为君也；天之立君，以为民也"，上天生育了人民，并非是为了君主一人；相反，上天设立了君主一职，却是为了人民。

古人说的"上天"，其实很大程度上只是一种指代，以这种冥冥天意，来指代政权兴衰的客观规律，指代民众意愿的结果导向。所以统治者的上位、在位，都是这些无形力量在起作用；统治者的更换、下台，也是这些综合力量在发生作用。而这冥冥中的广大力量，就是来自民意。所以《荀子》里讲："君者，舟也；庶人者，水也。水则载舟，水则覆舟。"这便是后来唐代名臣魏徵向唐太宗李世民说的"水能载舟，亦能覆舟"。是人民的信任交托，托起了统治者的权力；又是人民的信任颠覆，覆灭了统治者的权位。

这种"为民做主"的思想深入人心，直至中国古代最后一个封建王朝。清朝的第五任皇帝雍正，特地在他处理政务的养心殿西暖阁里手书一副对联，对联写道："惟以一人治天下；岂为天下奉一人。"不能用整个天下来供奉国君，要以国君之毕生来治理天下。这句话，是《史记》中记载尧帝之言的推衍，"尧曰：终不以天下之病而利一人"，即不能损害天下人而只利于君主一人。可见，中国古代文明社会，从尧舜时代的开启到清王朝的收端，"为民做主"的思想作为国家政府的君德要求而贯穿始终的。

虽然在体制层面上，中国古代社会并没有出现现代意义上的民主制；但是在思想层面，"民主"是中国文化里早已探讨过的社会话题和始终坚持的政治概念。

从文化学的角度看，"民主"的思想要求以民为主、为民做主，它在中国人的心目中从不陌生。它从哲学规律上俯瞰历史兴亡，从民本思想上制约君民关系。

（三）由民做主

"民主"的第三层含义，也是在今天和未来更彰显出重要性的含义，就是由人民当家做主，人民自己就是国家的主人。

一方面，从社会制度上来讲，这是民主制度的体现，人民并不是被国家统治的对象，而是统治国家的主人，政府只是接受人民的委任而管理国家，要按照人民意志行事，国家权力来源于全体人民。我们国家实行的是源于俄国、用于社会主义国家的民主集中制，既民主又集中，既防止政府的专权独断，又克服政策的疲软无力。

而另一方面，从公民意识和个人素养上来讲，"民主"，由民做主、民为主人，就要求每一个公民都要具有主人翁意识。我们常说"天下兴亡，匹夫有责"，这句话的原型出自清代思想家顾炎武的话，他说："保天下者，匹夫之贱与有责焉耳矣！"匹夫，泛指平民百姓，这是说，每个公民的言行举止，都关系着天下兴亡的走向。

我们想要享受"由民做主"的权利，就要尽到"民为主人"的义务，而义务，是沉重的。宋代范仲淹尽到了他的义务，于是他说"先天下之忧而忧，后天下之乐而乐"，如果不是出于任重道远的主人公情怀，他何苦要先忧而后乐，常以天下为己任？明代于谦尽到了他的义务，他说"千锤万凿出深山，烈火焚烧若等闲"，如果不是出于救民于水火之中的主人公精神，他何苦要冒粉骨碎身之险，挺身而出冲在国难关头？清代林则徐尽到了他的义务，他说"苟利国家生死以，岂因祸福避趋之"，如果不是出于力挽狂澜的主人公意识，他何苦要不顾祸福、不计生死以报国家？

所以，想要成为国家的主人，就要有作为主人的担当。所谓"铁肩担道义"，每个民众的肩上，都担负着自己对于家国社会的一份意义，虽然在影响力上有大小之分，但是积少成多，就担出了一个铁打的国家。对于我们每一个公民来讲，道义也不需宏大，只要在生活和工作中，记得担负一份正义、传递正能量，懂得承担一份责任、不忘社会公心，就是我们活在当下的一份"铁肩担道义"，就是我们为国家兴盛而尽己之责的一份主人翁意识。

而我们还要注意的是："由民做主"的"民"，是广大民众，"民为主人"的"民"，是人民百姓。当我们高喊"民主"的时候，是要把大众利益作为服务对象的，而绝不是把利己主义认作是廉价的民主。只以自我利益为根本，全然不顾家国社会的广大利益，那只是一种泛滥自由主义，是一种不尽义务而只享权利的自私自利的代名词。

所以，当中国传统文化说起"民主"的时候，所指的，并非为社会制定出一种没有温度的操作方法，而是投注给人间一种忧国忧民、兼济天下的道义情怀。

"民主"的三个层次："以民为主"，体现社会的责任；"为民做主"，要求政府的责任；"由民做主"，需要民众的责任。民主国家的构建，人人有责。

历史故事讲民主

民主的历史故事

民主，与独裁的含义正相反，在制度层面上，是指按照平等和少数服从多数原则来共同管理国家事务；在文化层面上，是泛指一种人人皆可参与做主、开放平等、反对专制的民主精神。

在中国历史进程中，虽未形成现代意义上的民主制度，但也努力追求一定程度上的民主精神。大唐王朝"贞观之治"的治世成就，也是来源于唐太宗李世民在尽可能的范围内，呼吁广开言路、鼓励直言敢谏的民主作风。

魏徵就是当时有名的诤臣，直抒胸臆，直陈己见。李世民即位之后，曾与魏徵讨论过隋朝灭亡的原因，最后他听取并谨记着魏徵的论述：

亡国之君隋炀帝，虽然聪明绝顶、博学多才，但是一味地刚愎自用、不听人言，专政和暴政导致了他的自取灭亡。所以要想成就清平盛世，成为圣主明君，就要虚心纳谏、从善如流，听取来自多方的不同声音，允许不同观点的自由表达，才能保持清醒的判断，做出明智的选择。这就是"兼听则明，偏听则暗"。广泛吸取信息、避免言路堵塞，让诸臣有畅所欲言的发言机会，让臣子有提出意见的批评权利。

所以，魏徵时常不留情面地对他所不认同的事情，向李世民提出异议，态度坚决，言辞直白。而掌握着生杀予夺大权的李世民，虽然也会因魏徵的直言不讳而气愤难堪，甚至恨不得杀之而后快，但是，他亦会虚心接受皇后的劝谏，懂得尊重和珍惜这样一位"忠言逆耳利于行"的诤臣。

除了魏徵，还有很多臣子都在屡屡考验着李世民的"民主"程度。其中，就有中国历史上有名可查的第一位科举状元，叫作孙伏伽。他对李世民一向是直言敢谏，而李世民也深为认同，并趁机弘扬着孙伏伽这种敢于发声的精神。

李世民登基不久后，曾判处一人死刑，而孙伏伽直截了当地表示反对。他批评李世民判罚错误，认为此人并非死罪，这是酷刑滥用的表现。而李世民不仅不生气，依据他的谏言重新进行判罚，而且奖励了孙伏伽一座价值百万两的园子。

当时，很多人极为诧异李世民的做法。孙伏伽重重驳了皇帝的面子，为何还能得到如此丰厚的奖赏呢？而李世民恰恰有着深刻的用意。他看到自己即位之初，朝堂上一片噤声之态，这令他十分担忧，唯恐朝臣们都迫于帝王威严，不敢进言。于是，他特地借助孙伏伽这一次大胆直言的事件，重赏诤臣，以此表明自己的态度，鼓励大家敢说话、说实话、没有思想包袱地大胆说话，塑造"君明臣直"的民主风气。

而孙伏伽也确实继续保持了他有话就说的作风。戎马半生的李世民，十分喜爱打猎，这也是他的一种生活乐趣。然而孙伏伽却上书劝谏，认为皇帝作为一国之君，应该为了家国安定而保重自身，打猎的行为极不安全，容易遇险受伤，倘若一国之君遭遇意外，届时必将引动天下大乱。而且，上行下效，皇帝喜欢打猎游乐，臣民必将追逐效仿，这样不利于社会风气。

李世民虽然也认同孙伏伽的谏言，但是他还是会忍不住想要游猎。有一次，李世民正兴致勃勃地带着护卫们准备出发打猎，孙伏伽却拦在御前，劝皇帝回宫，大有死谏到底的气势。李世民按捺不住怒火，威胁孙伏伽说：你一而再再而三地限制我的行动，我从前虚心纳谏、对你退让，是爱护你的忠心直言。可你要是再这样不识时务、小题大做，我这就立刻杀了你！要是连打猎这点小事都做不了主，我还当什么皇帝！

可是孙伏伽毫无怯色，他大义凛然地说：为臣的宁愿因忠君直言而被杀，也不愿苟且偷生地伺候一位"君昏臣谀"的昏君！

就在此时，李世民忽然哈哈大笑。他说：我是为了试试你的胆量，才假装发怒。有这样一位坦诚直率的大臣，这是国家的福气啊！

然后李世民就收起了继续打猎出游的心，反而对孙伏伽说：听说你擅长下棋，我这就不打猎了，回宫去和你对弈一局吧！

李世民曾感叹过："以铜为鉴，可以正衣冠，以古为鉴，可以知兴替，以人为鉴，可以明得失。"以人为鉴，便是能民主地以他人意见为映照、为参考，来反思自己的得失，反观自身的优劣。

清末政治家何启说："天下之权，惟民主是主。"构建民主国家、树立民主观念、培育民主氛围，是社会发展的前进方向。如梁启超言，"民主制度，天下之公理"，公民共同参与，人民当家做主，天下兴亡，匹夫有责。

学习经典说民主

民惟邦本，本固邦宁

2015年10月20日，国家主席习近平在英国议会发表讲话，强调中英要加强交流互鉴，增进两国人民相互理解、支持和友谊，推动两国合作再上新台阶。

习近平主席指出，英国是最先开始探索代议制的国家。在中国，民本和法制思想自古有之，几千年前就有"民惟邦本，本固邦宁"的说法。

（一）民为本

民本思想在中国文化里传承已久，是一种"以民为本"的政治理念。纵观古代中国，漫长的一段时间里都是君主帝制，但是，君主看似一人高高在上，实则在构成社会的金字塔式结构中，是芸芸百姓托起了社会稳定，高处不胜寒的君主一人需要为国为民、如履薄冰，否则他这颗镶在社会结构顶端的"危楼孤星"就可能摇摇欲坠——这就是"君，舟也；人，水也。水能载舟，亦能覆舟"的道理。广大民众，才是生命存活之水，才是政权长治之源。

所以，以民为本，就是如同儒家学者荀子明明白白警戒君王的道理："天之生民，非为君也；天之立君，以为民也。"上天生育了人民大众，并非是为了奉养君王一人；相反，上天设立了君王为主，是为了给人民大众负重领路。正是人民有所需要，才使政府能够存在；政府既然为民存在，那就要以民为主、以人为本。

因而，这就是儒家"十三经"之一的《尚书》中所训导的"民惟邦本，本固邦宁"。原句里的"邦"，本是指邦国，现在就可以引申理解为国家——只有人民是国家的根本，若根基牢固，则家国安康。而这句话，是《尚书》中谆谆教诲的"皇祖有训"，是来自祖辈先圣的政训，也正是习近平主席此次讲话中所说的"自古有之"、是来自文化传承的政理。

（二）民为贵

民本思想深入人心，使中国文化理念中，始终把"民"的重要性强调再强调。

——把"民"强调到什么高度呢？是可以将百姓苦乐等同于国家利益的。中国文化说"为国为民""忧国忧民"，将"国"与"民"的地位等而论之，爱民就是在爱国，服务人民就是在服务国家。且看杜甫能被赞誉为比肩圣人的"诗圣"，就是因为他的诗忧心百姓生活、关爱民众疾苦，而他圣心仁心的爱民，就是心系苍生的爱国。

——还把"民"强调到什么高度呢？是可以让人民大众盖过了国家社稷的。正如《孟子》云："民为贵，社稷次之，君为轻。"连江山社稷的朝代更迭都不如实实在在的民众幸福重要，政权兴衰中的帝王君主就更不重要了，天下所有的贵重，都只在人民大众的身上。这样的民本主义，是在两千年前的中国就呈现出的一种"重民生"的极致程度。

在历史人物故事的演绎中，将"民为贵，社稷次之"的民本思想落实成经典案例的，就是《三国演义》里刻画的刘备——

当刘备军队遭受曹操攻打而撤退襄阳、江陵的时候，他是带着新野与樊城的几万百姓一起转移的，保护百姓共同避走曹军的攻城略地。当刘备军中众将都质疑他这一行军做法、力劝他"不如暂弃百姓，先行为上"的时候，刘备却坚持己见说："举大事者必以人为本。今人归我，奈何弃之？"民众既然相信相从，那就必须不离不弃。而"百姓闻玄德此言，莫不伤感"，刘备在此以后，仁德之名更震，民心归顺更多。

这就是在民间广为流传的"刘玄德携民渡江"的故事。虽然它是一种演绎性质的讲述，却可从受欢迎程度上，看出民众层面的心理诉求和政治呼吁：社会深刻需要着同时也广泛认同着，中国仁政思想里的民本德治。

"民惟邦本，本固邦宁"这句古语，习近平主席在从前的政论中也曾引用。正如中国哲学的理论说"地势坤，君子以厚德载物"——地势为民、承载家国，民本为坤、叶茂根深，厚德于民、民生万物，君子亲民、生民为本。

传统文化论文明

文　明

社会主义核心价值观在国家层面的第三个价值目标，是文明。

（一）文明形态

"文明"的释义有很多版本，综合来讲，当我们平时谈及"文明"这个词时，主要意指两层概念。

第一层，是广义上的文明，指一个社会集团中的综合文化特征，包括民族意识、价值观念、礼仪习俗、宗教思想、科学程度、生产方式、生活方式等。比如说到思想体系上的中华文明、西方文明、伊斯兰文明，或者说到生产方式上的工业文明、农业文明，又或者说到创造成果上的物质文明、精神文明，这些都是宏观意义上的"文明"概念。

第二层概念，是狭义的文明，是指某个对象具备较高的文化素养、思想素质、道德水准、教育水平，比如说某某人是个文明人，某某国是个文明的国家。

我们先来看广义上的文明。

对于中国而言，中华文明，很长时间以来，都是令国人百感交集的一个词汇。从近代史开篇，我们的自有文明，在世界面前就从未彰显出优越性，相反，似乎处处都显示出落后于人的伤心对比：

工业文明击垮了农业文明，西方文明压倒了东方文明，以儒家思想为主流、以农耕文化为主体的中华文明，拥有漫长的历史和辉煌的过往，但是在现代化的进程中始终处于下风。中华文明，曾以"仁义礼智信"辐射过周边国家，曾以"温良恭俭让"礼敬出大国风范，曾以"诗书礼乐"打造了崇高的价值观念，却在19世纪世界大变革的浪潮中被称作"东亚病夫"。曾经的雄风不再，这一头东方雄狮，似乎是恹恹病倒了。

鸦片战争震动了中华文明，中国人看着原有的世界秩序被打破，难以理解在眼前这个时代，文明的标尺变成了什么：一国的黄金白银，不再是从自家的矿山挖掘而出，而是由横冲直撞的坚船利炮从他国强行带回；一国的疆域，不再仅是自有的土地岛屿，还可以从黑皮肤、黄皮肤民族的生存空间里硬性划定；一国的财富积累，不再是专心生产和贸易，而是磨刀霍霍阴谋布局，转借战争暴敛横财。中国的原有文明对此感到束手无策，在当时的文明形态下，不再有中华文明的传统位置。

从发展方式上看，自工业革命的大浪潮开始、人类社会进入现代化进程中以来，可以将世界上的文明形态划分为三种类型。

一种是占据主动态势的、侵略型的文明形态，是以海盗文明为思维模式，对世界各国物质资源和意识形态进行扩张与占领的国家，可称之为海盗式文明。

另一种是呈现出被动跟随态势的、殖民地型的文明形态，是以顺从侵略者、趋从强国脚步为国家意志而发展起来的民族，可以称之为奴役式文明。

而介乎于这两种文明形态之间的，就是中国的文明态势，是一种自新型的、中和型的文明，既没有对弱国进行过压迫和掠夺，也没有对强国一味顺从和屈服，纵然经历过深重苦难与沉痛伤害，依然渴望着和平崛起，依然坚持着中国道路，依然保持着不卑不亢，可称之为中和式文明。

中华文明，作为世界上唯一生存至今、始终未曾中断的古文明，在世界潮流的涌动中曾一时落后于人，也实在属于历史的常态，那是由旧制度转型到新世界的秩序调整过程，是一个泱泱大国自我更新的必要积累过程。大船的转向难免会显得缓慢，但当它一旦调整好方向、发动足内劲，必将重新领衔于世界前端。

而中国，在探索现代化的征程中，看过了海盗式文明国家争霸世界的傲慢，看过了奴役式文明国家唯唯诺诺的附和，此时更显示出了中华文明不同于人的中正、平和，以及在未来发展中具有长力的特征。

可以说，未来的世界文明，既不欢迎世界警察的霸道，也不鼓励傀儡小弟的媚态，而将迎来中和式文明标榜于世界文明模范的新时代。

中国的文明，和平发展、后劲无穷，这将有力地证明：在现代社会，除了海盗式的发家和奴役式的被发展，还有一种稳步行进的文明，叫作中和式文明，是靠着崇尚和谐、爱好和平、中正仁和、自我日新的智慧发展到今天，强大于明天，它说明着中华文明的值得自豪——秉持和谐精神又坚持自我道路的人类文明，而生存发展。

（二）中华文明

拿破仑曾形容"中国是一头沉睡的狮子"，他还曾说过："中国一旦被惊醒，世界会为之震动。"世界都知道，中国这头沉睡的雄狮一旦醒来就将不凡，但不知道，它将在何时醒来，醒来后将形成对世界文明的守护还是威胁。这就需要来了解，中华文明的特征，到底是什么样的。

前文说过，中国的文明态势，是一种自新型的、中和型的文明。

中国是自新型的文明，这源自儒家经典中的论述。《大学》开篇就讲："大学之道，在明明德，在亲民，在止于至善，知止而后有定……""亲民"就是"新民"，是使人自新的意思，不断成就一个新我，改过向新、除旧布新，这就是学习的目的。对人是如此，对国家、对民族、对一种文明而言，更是如此。中华文明历史虽久，却并非因循守旧、故步自封的，早在两千多年前，中国人就提出了"周虽旧邦，其命惟新"，提出了"苟日新，日日新，又日新"，这两句话都是在强调，国家虽古老，却不忘自我更新、推陈出新，每一天都能如新生一般地吐故纳新。所以中国的文明，不是一成不变的，而是在坚守核心价值的基础上，始终兼容并蓄着、与时俱进着，这才成就了源远流长的强大生命力，这也是中华文明能够成为世界上唯一没有中断鲜活至今的古文明的重要原因所在。

中国更是中和型的文明，《中庸》讲"和也者，天下之达道也"，对"和"的追求，在中国，既是道德观念也是哲学理念，既是艺术准则也是生存方式的要求。一些西方国家由海洋文明形成的海盗意识，构成了他们踏上新大陆后对当地国民的掠夺行径，侵占历史，海盗式文明是以夺取他方资源为生存本能。而中国的农耕文明，却是以自给自足、自食其力为生存模式和思维方式，并且在土地上还形成了团结紧密的家族意识，为了耕种，世代之家企求的都是稳定与和平，厌恶战争和变数。农耕民族的子孙，都需要按照祖辈固有经验来种植和收获，最怕由乱生变，影响收成。中国人的这种热土观念，转而升华为一种广泛的教化，就是《大学》中说的："有德此有人，有人此有土，有土此有财，有财此有用。德者本也，财者末也。"中国人坚信，财富生于自己的土壤，而非掠自他人的土地。甚至，连财富也只是末节和结果，道德才是首要和根本。而最为根本的道德，就是"致中和"，达到中庸和谐。中道，就是正中正好、不偏不倚、恰当其分、符合常理的道路，用中是手段，和谐是目的，这就是"致中和，天地位焉，万物育焉"，要确保天地各在其位，万物健康生存——各在其位、健康生存，就喻示着各安其土、彼此尊重，中正仁和、和平共处。

所以某些国家对中国"国强必霸"的判定，认为中国这头雄狮万万不可醒来的担忧，是站在西方文明的行为立场上，顺延西方固有意识形态的一种以己度人的思维，而非将中国还原到中华文明历史洪流中，能够承前启后一脉传承的"致中和"的思维方式。

在西方文明的意识主导下，还曾产生过一种深入人心的论断，就是亨廷顿先生提出的"文明冲突论"。他认为，"冷战"后的世界，冲突的基本根源来自文化差异，而且主要是在西方文明、伊斯兰文明、中华文明三者之间会构成"文明的冲突"。这种论调不无道理，加之20世纪90年代以来，局部战争的爆发、恐怖事件的上升，让人们更加信奉"文明冲突论"。

然而，亨廷顿先生强调的，是不同文明形态之间差异的部分，他所侧重的，是不同民族之间对立的情绪，却忽略了各种文明之所以能形成，正是基于人类共性上的那些价值追求和道德理念，比如，对真善美的向往、对公平正义的肯定……共同的美好诉求，是各地区文明不约而同生成并存在的共通性基础。文明，就是为区别野蛮而存在的，体现了人类社会的共同价值。所以在文明之间，也必然是共性大于差异。

何况，任何一种健康文明，都不是凝固的、僵化的，而是流动的、发展的。仅以静止形态看文明，每种文明都可以是对立性的独自存在；若以运动形态看文明，文明之间便必然是相互交融的、渗透的、影响的态势，差异不阻隔对话，分歧也不阻碍交流。

而把世界的冲突归结为"文明的冲突"，归根到底，是因为始终抱着"冲突"的眼光在看世界，认为世界不是这样冲突，就会是那样冲突，而这，恰恰是一种典型的妄图主导他国、称霸世界的西方文明的惯性思维。而在中国的文明语境里，传达的却是"四海升平""天下大同"的理想，这也正是中国一直强调"和平崛起"的思想背景。如果能剔除争霸之心，以平和心看待世界，就会意识到，文明之间的相处模式，可以由彼此尊重的合作走向融合，而不是由你死我活的争霸走向断裂。

（三）现代化文明

当中国通过军事、政治的强大改观了自己，又通过经济、文化的强大改善了自己，并坚持着自我文明中贯穿始终的中国精神，有朝一日将不难实现在现代化文明中重新引领世界。而真正成熟的引领心态，不是希冀一种文明的独占鳌头，而是欢迎多种文明的齐头并进。

中华文明的引领，不是依靠武霸的力量，相反，是凭靠和平的力量。这就又涉及"文明"的狭义概念：一个国家、一个个人，怎样才是文明的？尤其是，怎样才是符合现代文明的？

晚清势颓，屡战屡败，民族危亡。此时，严复先生将英国生物学家赫胥黎的《天演论》翻译到中国，首次为国人介绍了"物竞天择，适者生存"的理论。这个来自达尔文进化论的观点，自此强烈撼动了国人的神经——原来，落后就要挨打，弱小就被淘汰！

《天演论》的宣扬，有其特殊的时代背景，然而在今天，

将弱肉强食的理论，照搬到现代文明，是不对的；

将自然规律，完全视作人类社会法则，是错误的。

不要忘了，达尔文生物进化学说的原点，是研究物种演化，而非社会伦理。但人类文明，恰恰属于社会学说，而非生物学说；人能区别于动物，正是因为人类文明超越了动物天性。如果人类社会

要抛弃自身本来优越于动物界的文明意识，而退回到以野兽本性去对待同胞，那才真是物种的退化！何况，达尔文进化论本身是否成立，也早已被质疑。

倘若"弱肉强食""物竞天择"的理由在人类社会可以成立，那么，就会给偏激的种族主义者、极端的宗教分子以强大借口，去肆无忌惮地迫害所谓"低人一等""异端邪说"的族群。而人性的文明意义恰恰在于，能够在坚持平等的大原则下，去格外有意识地保护弱者，以此维持社会的公正。可以说，对待弱势群体的态度，反映出文明的高度。

一个文明的国家，将以自身的言行告诉世界：

现代文明，绝不是丛林文明的延伸；

人类社会，绝不是动物世界的翻版！

对于国家，"文明"就是坚持正义、坚持和谐：国家强大，绝不恃强凌弱；国家弱小，也不欺软怕硬；国家有错，更不文过饰非。1860年英法联军从圆明园逞兽行而归，两国那先进的军备、优雅的文明棍，都修饰不出"文明"的轮廓，然而雨果的一篇正义抗议之文，痛斥自己的祖国是窃贼，是强盗，反而才让人们看到文明的力量犹存于法兰西。"二战"时期，德国一度铁蹄蹂躏欧洲，所向披靡，然而那由希特勒亲自参与设计的"一定要帅"的军装，也裁剪不出"文明"的身形，相反，战败后德国两任总理真诚下跪忏悔法西斯历史罪责的身姿，却是地平线上一道真正的文明剪影。

对于个人，"文明"就是外在有礼、内在友善。《晏子春秋》说，"凡人之所以贵于禽兽者，以有礼也"，孔子也说，"不学礼，无以立"。礼仪教化，是人类由文明性告别野性的转折点；礼仪风度，是君子为人立世的文明坐标。礼仪是外化，友善是内心，这样的个体精神叠加组合成的群体意识，才进而形成了国家民族的文明形态。《周易》中说"文明以止，人文也"，又说"观乎人文，以化成天下"，大自然天幕上的纹饰，是日月星辰，而人类社会里的纹饰，就是文明程度；用文明来教化天下，才是人文情怀，才能社会昌盛。

所以，你死我亡的较量，是动物法则，不是人间准则；人类社会的文明，是和平发展的协同，不是国强必霸的独大；是互助友爱的关怀，不是优胜劣汰的厮杀。

中国这艘航母，已经调转船头，驶向现代化；中国这头雄狮，已经苏醒振作，精神重抖擞。自新型的中华文明，承前启后、开拓创新，中和式的中华文明，守中致和、中正仁和。

当中华文明经过漫长历史航道里的一时低谷而稳健走向复兴，就意味着《周易》之言"见龙在田，天下文明"的到来，意味着中国将迎来一个革故鼎新的全盛时代，一个全面参与世界现代化进程的中国式文明时代。

历史故事讲文明

文明的历史故事

"文明"的含义有很多重。而对于构建一个文明国家来讲，"文明"意指文教昌明的国度。所以本章论述的"文明"，是从以文化人、文治教化这个角度来分析的。

一个国家走向文明昌盛的过程，就是"观乎人文，以化成天下"的全民教养提升的过程，就是文化教育浸润人心、泽被社会的过程。这就是以文化人，这就是文明教化。

而被誉为"至圣先师"的孔子，在育人和传道过程中，他教授六艺、倡导礼乐，他有教无类、宣扬仁爱……这都是他在穷尽毕生之力，通过教导文明的个人，进而构建文明的社会。

孔子所教育的文明人，是能克己复礼、懂得修身的。《论语》里面就讲过，有一次孔子站在院子里，看见他的儿子孔鲤正从院里经过。孔子见他闲庭信步，就叫住他问：你学诗学得好吗？孔鲤惭愧地说，还没学好。孔子便语重心长地叮嘱他："不学诗，无以言！"没有深厚的诗教修养，就不能具备良好的语言艺术啊！

尽管时代早已变迁，但是对于个人来讲，"不学诗，无以言"的教养提醒，依然具有非常实用的现代意义。打下了优异的诗文功底，就能在谈吐用词上出口成章、言辞漂亮，又能在思想表达时引经据典、有理有据。国家领导人在讲话时，也频频引用古语、古诗词，这说明，诗教可以有力提升人的语言能力，能够以精准文辞去承载和传递观点，旁征博引，文以载道。

又一次，孔子看见孔鲤从院子里走过，唯恐他放松了修习，就又问他：你学礼学得怎么样了？孔鲤又羞赧地回答，还没学好。孔子再次嘱咐他说："不学礼，无以立！"一个人如果不能学习好礼仪文明，就根本无法立世！

这样的文明教导，放诸中外古今社会，皆可适用。礼教，教导一个人知进退、有分寸，面对他人守规矩、懂尊敬，做人有礼有节，做事合理合度。能慎独而自处，能和谐地与人相处，能掌握并运用好社会规则，这是一种必备的文明教养。无论古代还是现代，无论国内还是国际，都需要知礼而张弛有度，明礼而立足立世。

所以孔子对子弟的文明教化，是从言行举止开始培育的。"不学诗，无以言""不学礼，无以立"，内心明德而勤学善思，外部行为则文质彬彬。

推而广之，孔子教育出来的合格学生，再去沿着"修身齐家治国平天下"的道路进行实践，在治理一方时，才能打造出一个文明社会。《孔子家语》就讲过这样的故事。

孔子有个弟子叫子路，他被委派去治理蒲邑，也就是河南的蒲县。子路治蒲三年之后，孔子正好路过此地。走在蒲邑境内，孔子不禁一连三叹地赞许，子路治理得真是好啊！怎么个好法呢？孔子说了三方面，是能"恭敬以信""忠信而宽""明察以断"。

陪在孔子旁边的学生子贡就感觉非常奇怪了，老师还没有详细了解子路的为政情况，怎么就对他这么赞不绝口，而且还连赞三次呢？

　　孔子解释说：在蒲邑这个地方，走在乡间，我们能看到处处都是耕地整齐、杂草尽除、水沟深挖的景象，百姓能这么自觉规范地耕种，那肯定是因为子路做到了恭敬守信，才教化得百姓也都尽心尽力。走进城郭，我们看到了墙屋坚固、树木茂盛、井然有序，那一定是因为子路能做到忠信宽厚，才促使百姓不苟且偷懒。走入府衙，我们又看到工作安宁不忙乱、下属办事认真敬业，这必定是因为子路做官明察秋毫、果断明智，才能让这里的政令不扰民、政务很清闲。这样观察一番，就已经可以了解到蒲邑的文明昌盛了啊！

　　这个故事，叫作"蒲邑三善"，孔子鲜少这样大加称赞一个人和一个地方的文明情况。而对于个人和社会来讲，要变得更加文明、更加卓越、更加优异，就要依靠文治教化而不断进步，文采光明，文教昌盛。

　　一个文明的国家，必是民众修养更齐备、社会教育更全面、理念更开明、制度更健全、发展更完善的国度。从个人修身进步为起始，到全民教化进益为至善，文以化人，德以载物，"抱经济之奇才，当文明之盛世"。

学习经典说文明

学而不化，非学也

（一）文以化人

"学而不化，非学也"，这句话出自宋代杨万里的《庸言》，曾被习近平总书记在2013年8月19日的全国宣传思想工作会议上引用。

如果只知道学，却不懂得把学问化用，那么并不能算作真正有意义的学习。应该是：教行于上，化成于下。

化，这是学以致用的重要一步。在国学里讲的"文化"，既可常作名词使用，更要当作动词看待。《周易》中说"观乎人文，以化成天下"，把社会人伦中的规律道理化入人心、推行天下，这就是"文化"的意义，是为了实现"文以化人"的实际作用。

如果学到的"文"，不能如春风化雨一般地润化人心、风化社会、化成天下，那么这些"文化"，就没有开启人文作用，就没有形成文明意义，就没有学以致用、文以化人。

儒家说"文以化人"，佛家说"转识成智"。如果只是停留在"学"的层面、"文"的层面，就还仅是知识的理论接收；直到能够把知识转化为智慧，指导于个体生命、作用于社会教化，这才是完成了"智"的转变、实行着"化"的层次。

食而不化，就是只吞咽食物而没有吸收营养、没能助益人体；

学而不化，就是只听闻理论而没有化为智慧、没能浸润生命。

学而不化的经典事例，我们可以看"按图索骥"这个成语的来历。

中国最早的相马术著作，是先秦时代孙阳写的《相马经》，孙阳便是人们常说的伯乐。伯乐的儿子，也想继承这门家学，于是把《相马经》背得滚瓜烂熟。然而当他出去寻找千里马的时候，参照父亲著作中的相马指南——额头隆起、双眼突出、四蹄庞大，找到的"骏马"居然是一只癞蛤蟆！他认为癞蛤蟆的外形与所学知识中的形容之词非常吻合，然而，却谬之千里。

呆板地按照图样去寻找好马，这就是"按图索骥"的讽谏意思，是没有真正领会知识、运用知识，学而不思、学而不化。

所以孔子说"学而不思则罔"，我们平时也常说要"活学活用"。中国文化，本来就是经世致用的学问：

不能以学养人，就不能算是"学养"；

不能以文化人，就不称其为"文化"。

（二）文以载道

在中国文化的认知里，学，只是过程，化，才是目的。

比如《毛诗序》中就说："风，风也，教也，风以动之，教以化之。"意思是说，诗情民歌风行天下，是为了以诗中情志去教化人心。诗言志，诗中表达的情怀、志向，通过优美诗意的语言，润泽了人心、风行于社会，从而令民心向美向善，这才是诗教的意义，这也是将文学思想化成天下的终极目的。

这样一看，我们就懂得了中国文化的使命感：

所有优秀的文学艺术、所有堪称经典的文化内容，都不会仅仅是娱人声色或者为稻粱谋的一时创作，而是肩负叙说道理、传递精神、引领思想、点燃能量的教化作用，就叫作"文以载道"。

文以载道，就是通过文艺作品中蕴含的人文道理，实现"文以化人"的积极作用，达到用经典思想浸润人生、用美善之学教化社会、用精神力量化成天下的终极目的。所以，我们也可以说，文化存在的价值，就是为培育人间的正能量而存在的。

以正能量鼓舞人心，是为教化；

以正气涤荡社会，是为风化；

以正道带动文明，是为文化。

学而不化，是学习的遗憾，没有提升智慧、指导人生；

文而不化，是文化的失败，没有提升社会、促动文明。

中国文化，首先是化入个体生命的文化，能够帮助个人"转识成智"，比如"知行合一"的养成。让知识转化为能力，就是把专业知识常识化，习以为常。

中国文化，又是化成社会风尚的文化，能够引导集体共识形成，比如核心价值观的生成。把集体认同的文化心理提炼总结，就是精神领域的最大公约数，就是一个民族的核心价值观。

中国文化，更是化入时代的文化，能够与时俱进、蓬勃发展，所以能把古今文化都融入这一脉洪流之中承古开今。能包容并蓄，能开拓创新，能在优秀传统里，化入时代特色，化入属于今天的骄傲。

传统文化论和谐

和 谐

社会主义核心价值观在国家层面的第四个价值目标，是和谐。

（一）和谐文化

和谐，也就是和睦协调，这几乎可以算作中国传统文化中最具代表性的理念，是各家各派的共同主张，是万事万物的最高追求，是中国人从古至今源远流长的文化心理、政治信条、艺术准则、智慧要求。所以，和谐的信念在传统文化中具有深远根基。

儒家经典《中庸》说："和也者，天下之达道也。致中和，天地位焉，万物育焉。"儒家认为"和"是天道的追求，是世界之所以成立的本源。如果达到了适中的、和谐的状态，天地万物就能各自恰如其分、生发有序。

道家《老子》说："万物负阴而抱阳，冲气以为和。"这句话发散来看，是在说任何事物都存在着阴阳两面，世界规律就包含着万物的必然对立。若能够将这些对立面统一调和起来，就是至高的和谐境界。

而佛家对和谐的强调，更是随处可见，甚至直接提出了"六和敬"的思想，要求身和、口和、意和、戒和、见和、利和。而很多人也认为，"和尚"这个词，就喻示着"以和为尚"的精神。

儒释道三家思想，连同其他各家理论对和谐的追求，深刻影响着中国人在各个领域内的行为方式。所以，中国的茶艺推崇和静怡真，中国的琴道要求中正平和，中国的建筑名称里有太和殿、中和殿、保和殿，中国的医学讲究五脏调和、七情调和、气血调和，就连进行博弈对决的中国围棋都在寻求制胜里的中和平衡之道，而逐利商场的中国商道也在营利中信奉和气生财。

可以说，和谐，在中国文化的意识中，是一种皆大欢喜的状态，是一种全面胜利的智慧。

（二）身心和谐

对于个人来讲，想达到守中致和的理想境界，就要从三个层面上去修炼、去实现人生中的和谐。

首先是，身心和谐，也就是人与自我的和谐。修身为本，这是传统文化里一再强调的重点，《大学》说："自天子以至于庶人，壹是皆以修身为本。其本乱，而末治者否矣。"上至天子、下到黎民，都要把修身作为人生根本，其他的作为只是末节，如果人生根本没修好，却想把末梢的事情做好，那是不可能的，因为本末倒置了。所谓"修身、齐家、治国、平天下"，这样的进阶路程是一种修己达人的人生顺序，先修养自身，再治理家园，再服务社会，再报效祖国，这是一个人的辐射力由近及远的过程。"物有本末，事有终始。知所先后，则近道矣"，万事万物都有本末之分，都有从开始到最后的正确顺序，能够把握住何为本末、何为先后的运行规律，就是近乎于"道"的人。因而，在每一个人的生命中，修身，都是最初的基础，也是最固本的根基。

对于社会也是这样。每个人自我先修炼成一个和谐的、安定的人，再融入集体，才能组成一个和睦有序的大家庭。如果每个人本身都是焦虑的、浮躁的、叛逆的，就不可能构建出一个健康稳定的社会氛围。

那么，一个人如何修身才能达到自我的和谐呢？就要对内修心、对外修行。修心，是指内在心性的修为，正心诚意、戒性和情；修行，是指外在行为的修炼，言行有度、举止有礼。《中庸》告诉人们，一个自我修养好的人，应该是这样的人，是"喜怒哀乐之未发谓之中，发而皆中节谓之和"的人，也就是说，喜怒哀乐种种藏于内中的情绪，当它们外化发散出来的时候，如果是合理合度的、恰当其分的，那就是达到了"和"的标准。所以，对情绪的处理，是检验一个人修为高低的最好衡量指标。如果情感藏中，能和情养性、不过分，情绪外发，能和而有度、不过激，那么，就是一个身心和谐的人。

（三）社会和谐

一个人的自我修炼达标了，就要再去处理和影响与他人的良性关系，这就是"和"的第二个层面：人际和谐，也就是人与社会的和谐。

在社会交往中，我们会遇到与自己志同道合的人，还会碰到更多与自己意见相左的人，正是人们彼此之间的矛盾与调和、冲突与融合、碰撞与交流、对比与映衬，才交相辉映地形成了一个社会的无限张力与无穷活力。

一个成熟、文明的社会，因为包容了多样性，所以构成了生命力。

那么，如何使思想性格截然不同的人，彼此安和相处，甚至彼此欣赏促进呢？中国文化给出的答案是，"君子和而不同。"也就是，真正有修养的君子，既能够维护好人际间和谐友善的关系，又不必在具体意见上去苟同于人，勉强自己或他人必须屈从彼此。国学里还说"君子周而不比"，就是说，君子能够亲和他人而团结合群，却不会与人勾结而拉帮结伙。

和而不同、周而不比，这些文化准则都是承认了个体的可贵精神，而又尊重着他人的差异，保持着彼此的空间，怀揣和善之心、生发和睦之情、促进和美之态、维持和谐交往。所以社会学家费孝通先生就提出："各美其美，美人之美，美美与共，天下大同。"各自保持自身的美感，又能欣赏他人的美，彼此的美一起和谐共处，就是理想社会的大同境界。其实这句话的应用面很广，无论是对个人交往，还是对民族相处，或是对国家相交，都适用，它可以作为人与社会和谐精神的一种推演发散。

第一个层面，人与自我的身心和谐，要修身养性、修心和情；

第二个层面，人与社会的人际和谐，要与人为善、和睦共处；

而第三个层面，就是人与自然的和谐，也就是中国古人追求的最高境界：天人合一。

（四）天人合一

天人合一，是中国哲学的基本信条，儒释道三家都有阐述，它对各种文化现象的影响也十分深远。比如，天人合一的观点，影响到中医上，就认为人体本身便隐喻了自然界的组成元素，骨骼象征山脉、血液象征河流、毛发象征草木、穴位象征星斗等等；天人合一影响到了音乐上，人们便认为，一张古琴的部件组成里就代表着天地、山水、年月等自然元素，而音乐中重要的美学观点更是提出了"八音克谐"的要求，也就是音乐演奏中的和谐美。可以说，天人合一的理念，遍及在中国文化的各个领域当中。人们希望，天与物与人，你中有我、我中有你、融合为一。

而从今天的观点看：天，可以理解为大自然，人，就是人类社会，人类与自然之间和谐相处、共同遵行系统的规律，这就是在精神上、在秩序上、在利益上、在长远上，合而为一的统一体。这也是人与自然最稳定的相处模式，是供养与建设之间的和谐共处，不是征服与被征服之间的彼此角力。

这样的和谐画面，在中国文化里，古人比今人的体会更深。古人常常用很诗意的句子，来描绘人与自然之间结成的美好情谊。

比如李白说："花间一壶酒，独酌无相亲。举杯邀明月，对影成三人。"当他在人的世界缺少知音的时候，能与花香中的一轮明月对话成知己。如果人们不曾善待花间的芬芳和天空的清朗，人与月就不可能有这样适意的彼此相亲。想要人与自然"相看两不厌"，就要把自然当作人类的朋友去善待。

再如陶潜说："采菊东篱下，悠然见南山。山气日夕佳，飞鸟相与还。"当他官场失意的时候，是自然里的一丛菊花、一抹远山，给了他心灵上的无限慰藉。在人情世故里孤独的诗人，却有飞鸟在夕阳西下时与他结伴回家，热闹了他寂寞的归程。如果人们不曾珍护山间的鸟兽和田园的青翠，人与鸟就不可能有同路而归的自在。人想要与自然成就"我见青山多妩媚，料青山见我应如是"的彼此欣赏，那就要把自然当作自己的心灵一样去爱护。

如果说，古人把人体构造，看作自然界山川河流的象征；那么，今人是否可以把自然界的山川河流，看作人体骨骼与血液的延伸呢？倘若从这样的心理状态出发，人对于自然，便能以珍爱生命之心，去尊重世间万物。

在当今，追求"天人合一"的和谐，就是能够学习古人的一份赤子之心和敬畏之心，也适时地把大自然拟人化，去尊重它的健康状态，而它，将会还我们一份花落花开、云卷云舒的安闲自在。

（五）世界和谐

和谐，除了在个人和社会层面的影响，在国家层面，更能代表中国文化面对世界的精神。中国文化，从整体来看，是中和的文化、涵容的文化，而不是称霸型的文化、进攻型的文化。

儒家思想讲"致中和"，这个"中"字，就表达了一种不扩张、不过分的原则。中国古代纵使是在盛世时期，中华文明培育下的王朝政权也都会恪守中道，并不因兵力过盛就妄图以武力征服他国、开疆扩土，中庸的准则便是一种适度恰当的原则。在北京故宫的皇帝寝宫养心殿里，悬挂着一块写有"中正仁和"的匾额，那便是一国之君要随时提醒自己中庸正直、仁爱和谐的证明。

古代中国，曾经多次达到过同时期世界范围内的辉煌顶端，然而即使国力鼎盛、兵马精良、粮草充足，中国的本土意识，都从未有过掠夺、侵略、霸占、干预他国的想法。军事和经济的强大崛起只是使外界一时瞠目的表面，思想和文化的强大有力才是使民族长久屹立的内里。

以儒家思想为主流意识形态的中国文化，是一种中正平和、秩序井然、有礼有节的文化，它维护着国土内外、疆域远近的共同安定，正所谓"天下大同"，正所谓"四海之内皆兄弟也"。

所以，和谐，是浸润在中华文明历史洪流中、承前启后一脉传承的一种稳固的思维方式。面对家国，中国人追求的，是和气致祥、和气生财，是以和为贵、地利人和；面对世界，中国人相信的，是和衷共济、四海一家，是大道之行、天下为公。

和谐的文化理念教导中国人：

自我修养，要养性和情；同道中人，要和睦相处；存异之人，要和而不同；家庭整顿，要家和万事兴；社会秩序，要礼乐和谐；国家治理，要和合谐调；国际相处，要万邦同乐。总之是：守中致和，以和为贵。

历史故事讲和谐

和谐的历史故事

和谐，特别体现为在不同的甚至对立的事物当中，能够彼此协调、多元并存的和睦状态。所以孔子在《论语》里的话最能表达和谐的本质，就是"和而不同"。原本不同，却能安和，甚至互动配合、调和补充，在多元化的基础上，呈现出并非雷同单调而是多样又和美的状态，这就是和谐。

和谐的精神，在不同国家、种族、制度、文化……之间，尤其需要。文化关系里的和谐共处，在中国文化先秦诸子"百家争鸣"的时代，就极具代表性。百家争鸣，就是众多的思想学术流派，各抒己见、各放异彩，百花齐放、交相辉映。这些秉持着不同思想见解甚至是对立学术观点的流派，却丝毫没有因不能统一口径而妨碍了文化发展，反而各显神通、各领风骚，共同鲜活了中国智慧的源头活水，令中国文化包容并蓄、博大精深。

当时，齐国的稷（jì）下学宫，就是文化和谐的成功典型。稷下学宫是官办高等学府，然而又采用了非常特殊的授学形式，由官方举办，私家主持，这就使得学宫里的思想文化传授更为自由。一时之间，稷下学宫成了"百家争鸣"的学术交流中心，各家各派在这里共同发声、互相思辨，形成了文化繁荣的蓬勃态势，也更加吸引了各国思想家和学子来此争鸣论道。

稷下学宫的声名赫赫，就在于它尊重和维护着学术和谐的理念，真正成就了蔚为大观的智慧聚集地。儒家、道家、法家、兵家……都在这里阐释和完善自己的思想，通过互相争论，促使互相提升。这说明，文化理念虽然不同，却可以和谐交融，而不是非此即彼。

而齐国的公子田文，也就是历史上鼎鼎大名的孟尝君，他就深受稷下学宫宣扬的文化和谐的理念影响，认为对于各家各派的各种才能，都不应该排斥设限，而是要广博吸收，为我所用。所以，孟尝君便以广招各国人才而闻名于世。

他求才若渴，无论各路英杰有什么技能都敬重礼聘，不论高低贵贱皆一视同仁。于是在他的门下，养有食客几千人。而这数千食客，与孟尝君本人每天的伙食待遇都是一模一样的，可见他对各路人马的接纳和包容。

而他的好客养士、以和为贵，也真的救他于危难之间。一次，孟尝君带着他所招揽的各国门客到秦国去。秦王却想要杀掉孟尝君，就将他暂时囚禁起来。

孟尝君急于自救，便派人去后宫恳求秦王宠爱的一位妃子，希望这位后妃能够吹吹枕头风，让秦王改变主意，放自己回国。这位后妃就提出，求她办事不难，但她索要的贿金与众不同，她只要孟尝君从齐国带来的那件稀世珍宝白狐皮裘。

这可为难了孟尝君，那件通体纯白的狐皮裘，当真举世无双，只有一件，而他在来秦之初，就已经作为礼物献给秦王了，秦王也十分珍爱地收到了仓库里。此时性命攸关、危在旦夕，那位后妃不得白狐皮裘就不肯出言解救孟尝君，可孟尝君又怎么可能即刻找出这么一件宝贝来呢？

就在生死存亡之际，孟尝君招揽的一位门客主动担负起此事。原来，那位一向被人看不起的门客，擅长钻狗洞。当夜，他就装作狗的样子，钻进了秦王的藏宝库，将白狐皮裘偷了出来。孟尝君立刻把这件皮裘献给秦王宠妃，而宠妃收了重礼，心满意足，也就在秦王面前一再说情，规劝秦王释放孟尝君。秦王听得一时耳根子软，也就答应放了孟尝君。

孟尝君暂得缓释，知道秦国毕竟是危险之地，绝不能留，他唯恐秦王再变卦杀人，于是带着门客们连夜出逃，想要争分夺秒地逃回齐国。然而赶到秦国的东大门函谷关时，正是夜半时分，城门紧闭，不得出城。按照规矩，不到鸡鸣拂晓，是不可能开启城门的。但是孟尝君生死系于一线，再等几个时辰，秦王也许就有追兵赶来了。

正在焦虑之时，又有一个门客站了出来。原来，这个不起眼的人，有一项绝技是学鸡叫。此时，他便模仿起鸡鸣，而城中其他的鸡听到有公鸡打鸣的声音，也都跟随着此起彼伏地叫了起来。城关卫兵虽然感觉奇怪，看天色还未明，怎么就到破晓时分了呢，但是既然鸡鸣时辰到了，也就开关放行吧！于是孟尝君一行迅速出关，成功回到齐国。

而惊险万状的是，孟尝君等人刚刚离开，秦兵就奉命来到函谷关追捕。然而为时已晚，秦王也只能眼看孟尝君安然离去，无可奈何了。

拥有"鸡鸣狗盗"本领的这两个人，本来都是非常卑微的人物，当初孟尝君收纳他们到门下的时候，其他门客全都嗤之以鼻。然而事实证明，任何本领都有用武之地，任何才能都不该粗暴摒弃——这就是孟尝君深谙文化和谐之理而最终得救的原因。可以说，他的脱险绝不是源于侥幸，从深层次来讲，是源于他"和而不同"的思想。

孟子说"夫物之不齐，物之情也"，事物有千差万别，这就是天地之间的客观规律。对于世间差异，应该尽可能去正视和包容，使之和睦共处。无论是选贤用人，还是文化构成，都应秉持和谐心态、追求和谐精神。这样，才能因差别互补而生生不息，才能因协调统一而欣欣向荣。

学习经典说和谐

夫物之不齐，物之情也

2015年3月28日，博鳌亚洲论坛2015年年会在海南省博鳌开幕，国家主席习近平在开幕式上发表主旨演讲。在演讲中，习近平主席引用孟子的话，阐述迈向亚洲命运共同体的主张，他说："中国古代思想家孟子说过：'夫物之不齐，物之情也。'不同文明没有优劣之分，只有特色之别。要促进不同文明不同发展模式交流对话，在竞争比较中取长补短，在交流互鉴中共同发展，让文明交流互鉴成为增进各国人民友谊的桥梁、推动人类社会进步的动力、维护世界和平的纽带。"

"夫物之不齐，物之情也"，这句出自儒家经典《孟子》的话，习近平主席在2014年3月27日联合国教科文组织总部的演讲上也引用过。经典的语录一再提及，中国的精神一直不变。

（一）中国文化的"夫物之不齐"

"夫物之不齐，物之情也"，物有千差万别，这是客观规律，也就是和而不同的自然规律。对此，朱熹解释为："孟子言物之不齐，乃其自然之理。"世界上的事物各有差别，就是协调统一的差异整合。

博大精深的中国学术思想，正是对孟子这句话的最好证明。中国文化在童年时期的迅速早熟，就呈现为一种"物之不齐，物之情也"的各领风骚的姿态，一种"百花齐放，百家争鸣"的和鸣态势。春秋战国时代的诸子百家，正是各种思想学术流派之间的争奇斗艳，思想开放、学术繁荣，道家、儒家、墨家、法家、兵家等等，都在此时纵横捭阖、智慧纷呈。这是中国文化最灿烂的一座思想花园，因为各具特色，所以各有千秋。

秦统一六国后，秦始皇焚诗书、坑术士、禁私学，秦在成就了中国第一个大一统中央王朝的同时，也成了中国第一个大一统思想学术的朝代。这时候，采用的是法家思想。

汉代初建，社会亟须休养生息，因此汉初政权崇尚无为而治的黄老之学，与民休憩；到了汉武帝时代，国力昌盛，此时国家需要提倡一种维系天下、稳定人心的思想体系，经由董仲舒提议"推明孔氏，抑黜百家"，中正尚德的儒家思想自此开始成了中国传统社会里官方提倡的主流意识形态。

先秦诸子之后，中国思想文化史上的第二次争奇斗艳的大发展、大开发出现在魏晋时期，这是思想花园的第二次蓬勃盛放。当时的理想，是"非汤武而薄孔周"，是"越名教而任自然"，不再向社会礼教束缚低头；当时的显学，是重拾易学和老庄，是钻研玄学和佛学，不再以实用功能性的社会教化为追求。这种精神的迸发，其实是因当时社会礼教高度虚伪、社会制度极度不公而被迫生发的，是对于之前大一统的思想态势的一种差异性发展。

但就在这个阶段，佛教经东汉的逐渐传入、由魏晋的春风一度，真正落户在中国生根发芽、茂盛开花，成了中国思想领域极为重要的一朵仙葩。

佛教中对中国知识分子影响最为深远的禅宗，是佛教吸收了儒、道两家思想以及魏晋玄学风度，在中国文化大地上缔结而生的本土佛学。禅宗在中国，与其说是宗教，不如说是哲学。禅宗具备的哲学性，使佛教不仅仅是教徒信众的"宗教信仰"，也成了知识分子的"思想境界"，差异化补充了中国本土思维中的不足。

虽然，从宏观上看，中国传统社会在结束了盛唐文化的开放之后，一路走向内敛以致闭塞，魏晋风度成了最后一次思想文化的"百花节"；但是，从微观上看，作为个体的中国士人，却在思想意识的学术融合上逐渐血肉丰满了起来，使得几乎每一个中国人，都展现为文化心理上或多或少携带着儒释道等多家思想的综合体，是在思想后盾和心灵归属上，"头戴儒家冠、身穿道家袍、脚踏佛家鞋"。

儒家呼吁的入世有为、道家传达的出世无为、佛家讲述的前生后世，彼此存在差别又相互补充地和谐共存，平衡着中国人在顺境与逆境之中、在悲欢离合与生老病死面前的心态转换。

可以说，中国式的知识分子，心灵里是存有一座百花园的，园里有儒家花朵的阳刚苗壮，有道家花颜的清净自然，有佛家花香的悟空出尘，等等。正如有诗说："红莲白藕青荷叶，三教原来是一家。"三家乃至多家思想，齐放春园又和而不同。

中国人的花园，不必向外求，可向内心求、不必向人求、可向自身求。灵台有花，清凉方寸，平和顺逆境遇，综合指导进退。

（二）世界多元的"物之情也"

"夫物之不齐，物之情也"，引申来看，这样求同存异的安和态度，这种包容并蓄的和谐精神，正是从传统的经典角度，以哲学的理论高度，释读了当前所强调的多元文化并存的世界观。

这个世界，绝不会因为到处雷同的重复而精彩，只会因为差异互补的和谐而丰富。

比如，从文学上看：

唐诗殿堂，正因为有着李白诗歌浪漫主义的大气磅礴、瑰丽奔放，又同时有着杜甫诗歌现实主义的沉郁顿挫、悲怆忧思，才更立体咏叹出大唐气象。既有张扬恣意、风流高歌，又有生民疾苦、缓歌低回。

"诗仙"的豪迈出尘与"诗圣"的深沉入世，是一个健康文坛同时需要的两面不同旗帜。

再比如，从政治上看：

唐太宗朝堂里的"房谋杜断"，是李世民堪称"左膀右臂"的两位宰相。房玄龄善于谋策，杜如晦善于决断，所以说"房知杜之能断大事，杜知房之善建嘉谋"。

房、杜二人不同的性格特色与智慧特长，如"笙磬同音"，协调互补，完善着初唐政坛。

又比如，从音乐上看：

中国最古老的弹弦类乐器琴与瑟。琴的音色清丽，有"泠泠七弦上"之幽古；瑟的音色华美，有"一弦一柱思华年"之丰富。

当琴与瑟齐鸣，琴便如冷月一弯，飘逸出尘，瑟便如彩云满天，华丽铺张。二者协奏，相得益彰，如彩云追月，如阴阳和鸣。所以才从此有了"琴瑟和谐"这个成语。

我们的耳朵能接纳不同的乐器性格，我们的世界能安放不同的人事脾性。

更比如，从思想上看：

中国传统文化，最主要的两家学术思想，就是儒家与道家，而这两家学说，在很多地方又刚好是形成反差的。

儒家强调入世，道家主张出世；儒家要在积极有为里体现担当意识，道家是在清净无为中实现超脱精神；儒家如大地上的行旅者，脚踏实地而忧国忧民，道家如天空中的翱翔者，放眼宇宙而顺其自然。

中国易道哲学的黑白两色，正如儒道二者，阴阳互动、平衡既济；中国人的心灵构建，也需要社会秩序和个体自由的同时兼顾、协调共济。

那么，从文明上看：

世界上的文明形态，既各具特色之法，也各有共通之处，多元并存、协调发展，才是中和天下的发展大道。何况，人类社会的各种文明形态之间，无论是中华文明、西方文明还是伊斯兰文明甚或其他文明类型，必然是共鸣性大于差异性，所以理应是相和比相斥更容易。

"夫物之不齐，物之情也"，孟子告诉我们，不必再把差别看成是非我族类，应该把差异看作是协调补充。

就像中国文坛以笔墨告诉我们的，可以魏紫姚黄、各有千秋；

就像中国政坛告诉我们的，可以君子和而不同、君子周而不比；

就像中国音坛告诉我们的，可以八音克谐、琴瑟和谐；

就像中国学术告诉我们的，可以美美与共、天下大同；

那么，文明国家之间的共存之道也早就通过争战的两败俱伤与和平的相安久存告诉我们，可以求同存异，可以协同发展。

而中国文化的特质就是：中和涵容，多元并存。

传统文化论自由

自　由

社会主义核心价值观在社会层面的第一个价值取向，是自由。

中国古代社会留给人的印象，往往是秩序井然的、礼教森严的，乃至人们认为，缺乏自由，似乎就是中国社会的传统。而在个性解放的今天，每一个人对自由的渴望都尤为迫切，于是对中国这一古老传统便更是心怀不满。

但这未免是一种偏见。我们今天当然要呼吁一个自由开放的社会，让每一个生命个体都能够尽情释放。但这并不能反推出，自由，在传统文化里就一定是缺失的。其实，正是与秩序、纪律相生相伴的自由，在国学里也随处可见。

（一）心灵自由

道家的生命理想最接近自由的状态。道家代表人物老子，有一个重要观点就是"道法自然"，意思是说：大道之行，要仿照大自然的规律法则，同时，又要效法事物本身自然而然的状态。顺其自然，这就是道之所在。

老子这样的观点，是鼓励人们找回自然原始的本心、顺应心灵的自然感召——而这，不正是最大的自由吗？自由，就是一种不受拘束、随性而为的状态，而老子的"道法自然"，让自由贯彻得如此彻底！还有什么准则，能够比认可每个人自己自然而然的发展状态，更自由更舒适的呢？

把道家思想与个体生命形态结合得更为紧密、更为艺术的，是庄子，他对自由的感受也更为强烈。一篇著名的《逍遥游》，所描写的其实正是庄子心灵的驰骋，是庄子思想的放飞。《逍遥游》中描述的那个叫作"鹏"的大鸟，能扶摇直上九万里，能背负青天激越云间，上可飞天下可入水，自由往来于天地间。其实，庄子以如此瑰丽笔墨来描写的，又哪里仅仅是一只鸟的行为呢？文中的"鹏"，正是庄子自己的心啊，那是一颗开阔六合、涵纳古今、超越世俗、纵横时空的自由自在的心。

心的自由，才是一个人真正的自由。人力所能，永远是有遗憾的，人生环境，永远是被设限的；然而，心的开阔，可以超越现实局限，自由翱翔在浩瀚无边的精神世界。

心之大，才是人之大。

心之自由，才是生命之大自由。

所以，虽然庄子把他本身的生活状况比作是在泥里曳尾涂中的龟，却把他自己的内心状态比喻为鹓雏之凤，高飞于空、不染纤尘；虽然庄子度日时的家境贫困甚至要不得已去借粮，但他在酣睡中却能潇洒做一个名垂千古的美丽一梦，梦到自己变成蝴蝶翩翩而飞。甚至，这一场"庄周梦蝶"的自由洒脱，使他在醒来后都分不清梦里梦外、孰真孰假，不知究竟是庄子变成了蝴蝶，还是蝴蝶变成了庄子。这种脱俗的精神体验，正是因为他的心，达到了物我合一的出神入化之境。

庄子能以一具受现实贫困拘束的身躯，放飞起一颗自由洒脱快乐的智慧心。他这种身心状况的巨大反差，也很像是儒家学派里孔子的得意门生颜回的行为，孔子曾经称赞颜回说：

"一箪食，一瓢饮，在陋巷，人不堪其忧，回也不改其乐。"

箪食瓢饮的清贫生活，别人都不堪忧苦，只有颜回能不改其乐——他不改其乐的，也许是身在陋巷却心在书香的精神享受，也许是身在平凡却志在高远的修身过程，也许是身虽未动却心已远行的、超越眼前的卓越见识。

可见，在中国传统文化里，无论是入世有为的儒家、还是出世无为的道家，无论他们身处的环境和行为特征有何不同，但在内心和精神层面，他们都同样拥有着自由的灵魂，都同样构建着独立的人格，都可以因为心的独立自由而不以物喜、不以己悲。不管腾达还是穷困，不管成功还是失意，他们能不以客观好坏为枷锁，靠自我主观撑起蔚蓝的天。

不自由的心，在鸟语花香中也能画地为牢。而人生任何形式的牢笼，都囚困不住一颗真正自由强大的心。

（二）生命自由

儒家和道家，作为中国传统文化里影响极大的两大学术流派，他们的观点和表达，看起来往往是对立的，比如：

儒家主张入世，道家注重出世；

儒家重视集体利益，道家推崇个体精神；

儒家呼吁积极有为，道家喜好清净无为；

儒家努力兼济天下，道家追求独善其身；

儒家从家庭走向社会，道家从社会回归自然。

可以说，儒家就像是大地上的苦行者，道家像是那天空中的翱翔者；儒家担负家国天下的责任耕耘人间，道家遵循生命本源的朴素超脱世外。

看起来，儒家较为沉重受缚，而道家比较轻灵自在。但其实，作为各自成熟的学问体系，儒家与道家的圣贤，尽管外表形式有别，内心却都能做到自由无拘束。

比如孔子形容自己的状态，是"七十而从心所欲，不逾矩"，到七十岁的时候，他已经修炼到了能够随心所欲地为人、做事，然而再怎样任性而为，实则也是在合理规矩之内，不会逾越了禁区去触犯规则、冒犯他人。"从心所欲"，这难道不是人生最理想的自由状态么？他已经完全超越了社会的一切限定、教条、束缚，那些禁忌完全不会让他感到受限、为难，相反，他可以自由自在驰骋于人生，却于礼教规矩秋毫无犯、于人际往来言行适度，他成了一个最快活舒服，也最令他人感觉舒服的人。

所以，无论是脚踏实地的儒家，还是仰望星空的道家，他们不同的人生信条，只是对生活哲学的探讨。而对生命状态的把控，他们都毫无异议地认为，不管在朝堂、在闹市，还是在山林、在陋巷，都可以也都应该自由而活。

甚至提倡法制、法度严明的法家，也不完全与自由的本质相矛盾。自由突显出秩序。在有形的层面，所有的自由，都必然有其边界。法度之内是令行禁止，那么相对应的，法度之外就是行为自由。而有秩序的自由，才是有保障的自在；无秩序的自由，只是野蛮的乱象。所以法家的"明法度"，其实是明确地规范了"享自由"。

如果在现实社会的严格秩序之内，一个人的灵魂依然能充分体会到自由，这样的灵魂才真正具有生命力，甚至是具有艺术性的。中国古代的士人就是如此。

所谓"大隐隐于朝，中隐隐于市，小隐隐于林"，当中国古代的知识分子，受案牍之劳形、受宦海之沉浮、受朝堂之艰险、受宵小之倾轧，从而感觉受到不公待遇、受到官场奴役、受到制度禁锢、受到志向束缚的时候，他们释放自我的方法，往往不能逃避到山林隐逸而不问世事，也不是投降给世道艰难而躲避退缩——他们总认为，遁入世外并非读书人的理想抱负，"士不可不弘毅，任重而道远"，在负重前行中锻炼出一颗豁达自在的隐逸之心，才是真正的人生自由。所以，他们选择在任何困境里，都去努力自我调节，他们写诗、作画、读书、弹琴、闻香、品茶、雅聚、清谈……这些内容构成了他们放松驰骋的自由王国。

他们有一片美好的隐士山林，就在自身的书房内；

他们有一片理想的世外桃源，就在自家的花园中；

他们有一片放松自我的精神沃土，就在笔下的诗文里，尤其是那些田园诗、山水诗、风景诗，都带领这些文人，寸步不离闹市却尽享山野田园之乐。

对外，他们居庙堂之高而忧其民；对内，他们醉诗文之美而养其心。种种陶冶心灵的行为，就是他们人生的后花园，就是他们生命的自由国。

对于懂得自由的人来讲，不能解甲归田，那就耕耘心田，培育精神家园的心花怒放；不能吟游四方，那就心怀天下，培养人生大观的游目骋怀。

在他们可能四处碰壁的生活中，自由，却可以无所不在。

中国文化里的自由，是儒家责任中的闲情，是道家朴素里的安然，是法家理性下的游弋，是士人重压时的释放。

自由，从不在远方的乌托邦，而就在当下的安闲自在；自由，从不依赖他人给予，而全在于自我获得。因为，从没有任何一种形式的自由，抵得上心灵自由的强大有力。

历史故事讲自由

自由的历史故事

自由，就是能够在法律框架内，行动意志完全受自我支配，不受约束地自在行事。在文化层面，自由，更指自在从心、自主由己的状态。

比如苏轼词里豪迈地讲，"用舍由时，行藏在我"！我能不能被重用，凭于时势的起伏，但我愿不愿意去作为，在于我自己的选择！可以去入仕、大干一场，也可以去出仕、自在逍遥。这种可进可退、可为可不为、可以自主决定自我人生的状态，就叫作自由。

因此，自由，就是人生道路的自主，就是生命本质的自在，就是顺乎本心的自然。晚唐诗人司空图的诗里说，"闲忙皆是自由身"，闲忙皆宜，全凭自己。

所以自由就是按照自己想要的方式过一生，能具备这种自我做主的权利。

战国时期的庄子，就是一个能得身心大自由的人。庄子是道家代表人物，他继承并发展了老子"道法自然"的思想，让自我身心在这自然天地之间得到更为解放的"逍遥游"，追求逍遥自得的境界。所以，庄子虽然博学智慧又举世闻名，却不愿拜相为官，不愿受到礼法、政治、争斗等世俗束缚，而宁愿隐居于乡间，自得其乐。

而他，不仅享受着隐居生活的自由，更难得的是，他能让自己真正具有选择生活方式、拒绝强权干涉的自由。

一次，楚王因慕名庄子的才华，特意派出两位大夫，前去拜会庄子，邀请他担任楚国的宰相。而这两位大夫找到庄子的时候，他正在河南濮阳的一条河上优哉游哉地钓鱼。两位大夫转达了楚王的礼聘之意，恭请庄子出山，楚王愿以国事相托，赋予庄子功名利禄。

而庄子呢，他听闻之后毫不动心，连鱼竿都没松手，边继续垂钓，边悠悠问道：听说你们楚国有一只神龟，死的时候都三千岁了。神龟死去之后，楚王小心翼翼地将它用丝巾竹匣收藏好，把它恭敬置于宗庙的堂上。但是你们说，对于这只神龟来讲，虽然它死后受到如此隆重的礼遇，可它自己，是更愿意死后显贵呢，还是更愿意拖着尾巴在泥里继续活着呢？

两位大夫听后，都回答说：那肯定还是宁愿在泥里拖着尾巴好好活着，也不愿意死去啊。

庄子于是就告诉他们：正是如此的道理！你们请回吧！我是不会去做官的。

庄子的意思是：我就像是那只神龟，宁可在民间的泥土里自在地生活，也不愿意行尸走肉般去朝堂上显贵。我宁愿卑微自在，也不愿为了富贵枷锁而放弃自己的自由身啊！

在庄子看来，他的自由自在，是能拥有一颗率性而活的心灵，他不要自己变成为王权服务的脑袋。所以，他不肯将身委与帝王家，他要维持自己的思想自由、灵魂自由、身心自由。

因而，又有一次，他在魏国再次阐释了自己对自由的追求和坚持。

庄子的朋友惠子，在魏国做宰相，庄子一时兴起，到魏国去看望他。而惠子身边的人却进谗言说：庄子这么大名气的人物来到魏国，肯定是要取代惠子，来争这个宰相之位啊！

惠子听信了小人谗言，感觉官位受到威胁，便恐慌地命人在国都里搜捕了庄子三天三夜。谁知庄子却自己主动去拜会惠子，并且对惠子说：

你知道有一种叫鹓鶵（yuān chú）的鸟吗？这种鸟啊，它遨游天地间，从南海起飞，到北海降落。而在它这天高海阔的一路上，它只歇息在梧桐树上，其他树是不会将就的，它只吃竹子的果实，其他食物是不会下咽的，它只喝甘甜的泉水，其他水是不会入口的。就是这么心性高洁、追求高远、不为凡尘俗物所动心的一只神鸟，当它飞过天空的时候，一只叫作鸱（chī）的鸟正在吃腐臭的老鼠肉，却唯恐鹓鶵飞过来要抢夺它口中的臭老鼠肉——你说鸱这样的鸟可笑不可笑呢？而现在你就是紧张地捂着自己的相位，唯恐我来魏国就是跟你抢饭碗，你说你这样的人可笑不可笑呢？

庄子坦率直言的快人快语，正是表明着自己的心志：不为世俗枷锁所累，不为得失挂碍所惑，只以自我选择为美。

而他的自我选择，是能够选择拒绝权威，能够选择坚持自我。这种选择的权利，就是自由，拥有选择人生道路的自由。

而他选择的内容，也是自由，就是用自己喜欢的方式过一生。

李白写过："安能摧眉折腰事权贵，使我不得开心颜？"这样重自由而不委屈自我的心性，正如同庄子的洒脱自在。就是：我的人生我做主，"万顷波中得自由"。

学习经典说自由

顺木之天，以致其性

习近平总书记于2014年6月9日在中国科学院第十七次院士大会、中国工程院第十二次院士大会上指出："要按照人才成长规律改进人才培养机制，'顺木之天，以致其性'，避免急功近利、拔苗助长。"

（一）顺其性

"顺木之天，以致其性"，出自柳宗元的一篇文章《种树郭橐（tuó）驼传》，传记里讲了一个叫郭橐驼的人，种树本领优于常人。人们赞叹他能把树种得这样高大茂盛，而他认为自己的种植方法很简单，就是"能顺木之天以致其性焉尔"，顺应树木的自由天性，使它得以维持自身习性，自然就能茂盛发展。

"顺木之天，以致其性"，是一种认可自然的态度，也是一种维护自由的精神。

如果把这培植树木的道理推衍到培育人才上面，那么，最好的育人，也是"顺其自然"，就是能"因材施教"，让每个人自由发挥出自身的潜力特质、自觉开发出自己的兴趣能力。

顺木之天性，既自在又省事，可使树健康生长；

顺人之特性，既自由又高效，可使人快乐学习。

（二）乐其性

其实使学习具有快乐感，正是教育的首要使命。而快乐，源于学习的人能感觉到，是自由遨游在知识的海洋，是自在发掘着自身的光芒。

我们平常的教育往往本末倒置，从一开始就不管不顾地强行灌输，造成了学生苦不堪言地被动学习，丧失了学习的乐趣，妨害了学习的自我主动性，育人之计即使真的长达百年也效果寥寥。

而《论语》开篇就讲："学而时习之，不亦说乎？"学了知识并且能够践习运用，这不是一件很快乐的事吗？学，是理解知识；习，是践行知识；学习，就是理论与实践的结合。原来，自觉学习，是一件快乐的事啊！——这种正面情绪的开启，是正确育人之计首先要完成的使命，要使学生能学并有用着、学并快乐着、学并自在着。

当历朝历代的学子翻开《论语》接受教育的时候，他们认为学习是快乐由心的事、自然而然的事，从而才能使学习成为恒久坚持的事、终身持续的事。

（三）树其木

习近平主席说"要按照人才成长规律改进人才培养机制"，也就是要尊重和顺乎人才的自由天性，进而事半功倍地培育成才。

坚持"顺木之天，以致其性"，顺乎性情的自由快乐教学法，才能达到主动学习，乃至塑造"终身之计，莫如树人"的学习型人生，才能实现终身学习乃至成就"活到老，学到老"的学习型社会。

平时常听闻"学海无涯苦作舟"，我们总以为学习本来就该是苦的，然而《论语》在两千多年前就提出"学而时习之"是喜悦的、快乐的，这就给我们今天以反思的空间。

不断学习，在体力上固然是辛苦的；然而，自觉学习，在心灵上必然是快乐的。那是因为，有顺乎性情的乐趣作为推动力，学习就还原为一种自由自在的开发自我过程。

"顺木之天，以致其性"，其实就是顺应个体的自由、顺其自然，就是承认自我的天性、因势利导。

对自由心性的维护，并非不去管束和规范，而是能去尊重和引导，使那自由的种子生长为更具长远生命力的苍翠大树，打好根基、树好人生，才有本事伸向更加自由广阔的蓝天。

传统文化论平等

平　　等

社会主义核心价值观在社会层面的第二个价值取向，是平等。

（一）社会平等

我们今天强调，要构建一个平等的社会，而这样的追求，在两千多年前的中国就开始了。

中国儒家，目睹了道义失衡的礼崩乐坏，于是提出"天下大同"的设想，期望人们生活在一个大道为公、不生是非的大同社会。

中国道家，感受着欲望无度的邦国纷争，于是提出"小国寡民"的想法，盼望人们生活在一个朴素安宁、不受干扰的清净社会。

中国法家，忧虑于权贵横行的法外特权，于是提出"刑无等级"的制度，呼吁人们生活在一个刑罚统一、法度严明的秩序社会。

中国墨家，不满于弱肉强食的争霸交战，于是提出"兼爱非攻"的主张，渴望人们生活在一个爱无等差、战无不义的和平社会。

中国文化里各家学说的思想者，以不同的表达，传达出对于实现社会平等、社会和谐、社会美好的同样期待。尽管从每个人个体的客观条件方面来讲，人注定是生而不平等的，但他们希望，社会能给民众以相对平等的生存空间，可以让所有人不论是贫是富都安居乐业，让所有人无论是强是弱都不受欺凌。

正因为人们生而不平等，才格外需要社会的平等，来弥合先天的差异，以均衡各方的不对等。

平等，首先意味着人心的平和。

法无特权，人们在生活中杜绝了欺男霸女、投诉无门之事，才能安然度日，所以社会总在呼吁"王子犯法与庶民同罪"的法律平等。

机会均等，人们靠努力能够进阶有序、公共的资源不再阶层垄断，社会才能正常流动、健康运转，机会平等的秩序，消除着怨声载道的仇视。

社会平等才能带来心态平和，才能造就生活平静，对于这一点，唐代韩愈体会得极为深刻，他作文说："大凡物不得其平则鸣……人之于言也亦然，由不得已者而后言。其歌也有思，其哭也有怀，凡出口而为声者，其皆有弗平者乎！"他首先论述了一个物理道理：物体处于不平静时，才会发出声音，比如草木由风拂动而摩擦出声响，水面由风吹动而荡漾出声音……因而，人的语言也是如此，迫不得已便会出言发泄。或歌或哭，但凡有言，都是因为内心不平！所以，若要平息人言鼎沸，若要人们心平气和，就要实现社会环境的大平等，才能塑造个体心理环境的平和。

进而，才可促成社会的平稳。儒家经典《大学》里讲"修身齐家治国平天下"，这是中国人理想的社会生活，最终要达到的最高目标是"平天下"——要平定天下、要天下太平，这就包括了要人人平等、要社会平稳，平定天下的目的是"天下平"。而平等的社会生存环境，为人们塑造出的心态平和、生活平静，保障着人们的各安其分、各行其道，成就着社会的稳定泰平、四海升平。

对此，孔子十分严肃地教育弟子说："丘也闻有国有家者，不患寡而患不均，不患贫而患不安。盖均无贫，和无寡，安无倾。"邦国社会，不害怕贫穷却最怕分配不均，不惧怕人少却最怕人心不安，如果资源均等，人人也就不会觉得自己拥有得少。如果均等和谐，家国也就不必担心人口不多。如果人心安定，这个社会也就不会有倾覆之灾。孔子此言，实在是道破了此后历代民心思变、王朝更迭的根源。等级差别、待遇差异、贫富差距的严重分化，促生了社会的不平稳剧变。

所以，唐代史学家吴兢在分析总结了大量朝政兴亡之道，纵览过如许历史烟云迷障之后，留给中国文化一句直白而平淡的朴素道理，他说："理国要道，在于公平正直。"而宋代史学家司马光，也以淡然口吻隐喻人间至理，他说："平而后清，清而后明。"

社会平等，彰显治国之道；社会平等，成就清明太平。

（二）人格平等

社会平等，这是对每个人生存权利、生活状态的保障，是一种制度上的追求。而落实到我们每个人的个体精神，个人在社会活动中，切实强调的，还有人格上的平等、尊严上的平等。

人格平等，源于彼此的尊重。就像《简·爱》中那几句响彻世界的呐喊，简·爱说："你以为，因为我穷、低微、不美、矮小，我就没有灵魂没有心吗？你想错了！我的灵魂跟你的一样，我的心也跟你的完全一样！……是我的精神在同你的精神说话，就像两个人都经过了坟墓，我们站在上帝脚跟前，是平等的——因为我们是平等的！"能认同他人与自己的人格平等，不因身份地位差异而拜高踩低、患得患失，是一种修养的体现，更是一种自信力的考验。以平等姿态交流，以平常心去品评人的格调与心性。

在中国历史上，就有一段人格平等的交游，坚固胜似青山，美丽胜过音乐的故事。那是春秋时期，有一位著名的音乐家叫伯牙，他被人称作"琴仙"，官任晋国的上大夫。一天，他坐在汉阳江边独自抚琴，忽见一位砍柴而归的樵夫，站立于旁听他弹琴，此人神态十分专注，似能听懂琴意，自称钟子期。伯牙不禁心存质疑，难道一个村野樵夫，也懂得士大夫的琴声吗？于是他想考察一下，便随手弹奏出心中的巍峨高山之景，钟子期听后，立即描述说"巍巍乎志在高山"。伯牙惊讶之余，又弹奏起了滔滔流水之意，而钟子期听后，又回答说"洋洋乎志在流水"。伯牙这下喜出望外，他说，你可真是我的知音啊！——知其音，解其意，从此以后，"知音"一词便从音乐术语中脱颖而出、推广开来，泛化成了知己、知心人的代名词。

伯牙子期这一回的"高山流水遇知音"之后，相约来日再于此处弹琴、听琴。但是，当伯牙如约再来的时候，钟子期侧耳倾听的身形，却已化作一抔黄土。昔日故人与世长辞，伯牙痛失知音，他便在子期坟前最后抚琴一曲，而后把琴狠狠摔断，立誓知音既去，此后再不弹琴。这就是古琴艺术中"伯牙摔琴谢知音"的故事。

这一个分别记载于《吕氏春秋》《荀子》《列子》等典籍中的典故，故事中那两个萍水相逢而意气相投的人，以七弦为桥梁，以音乐为寄托，以青山为风骨，以绿水为凭证，彰显出一份不关乎社会地位，只关注心灵地位的平等相交、贵重相知。

士大夫的琴音，只为知音才回响山间；钟子期的脚步，只为伯牙才驻足岸边。

正是对人格平等的维护，才没有阻止伯牙以高高在上的身份去对话一位民间路人；正是对人格平等的认同，才不曾使钟子期畏惧以一担柴木去对唱一具古琴。其实，在触及心性的人际交往过程中，社会身份的重要性，往往比不过文化身份。

中国传统社会，对于伦理纲常的规范颇为讲究，所以看起来，似乎处处都是对不平等地位的维护。然而，中国文化很早就在强调人格上的平等了，甚至为了追求这种平等，认为连性命都是可以放弃的。在《礼记》中就有这样一段记录：

春秋时期，齐国饥荒，饿殍遍野。一位叫作黔敖的富翁，想要发放粮食赈灾。可是在饥民领粮的时候，他以轻蔑的语气吆喝说"嗟，来食！"致使饥民感觉蒙受到了巨大羞辱，于是，宁可饿死也不肯再领受粮食。这就是"嗟来之食"这个成语的由来，表示带有侮辱性的施舍。而在中国文化里，便逐渐强化着"廉者不受嗟来之食"的傲骨。

傲骨常存于内，内在铁骨铮铮；傲气不形于外，外不盛气凌人——这种人格的培养、这种修养的强调，正是为了挣脱社会有形条件的限制，达到彼此人品格调上的平等。

所以中国文化才讲"自天子以至于庶人，壹是皆以修身为本"，上至天子、下到平民，都要把修养自身当作人生之本，无一例外、无有特例——而这种无人能免的一视同仁，也是一种对人生要求的平等准则。品评你我，就看彼此修身的成果；修身过后，成就人格平等的生命。

（三）众生平等

对"平等"概念论述最多的，首推佛家。而且，中国佛学里强调的平等，早已超越了世俗概念，甚至超乎物种的限制，叫作"众生平等"。众生，包括"有情众生"，也就是那些有感情的生命体，比如人类和动物；众生，也包括"无情众生"，也就是植物、微生物乃至山川石矿等没有情识的物体。大乘佛法说众生平等，是认为，一切事物都会受轮回之苦，万事万物也都具有佛性，"一切众生皆可成佛"，所以"视众生无有差别"。

佛教传到中国后逐渐发展出在中国文化界影响力最为广泛的中土禅宗。以禅宗的观点看，佛性，就是自我的觉悟。众生都能成佛，就是众生都有机缘参禅悟道、升华自我。如果破除了迷惑内心的种种执着，如果了悟到解脱心灵桎梏的真理，那就是一种"立地成佛"的境界了。中国文人之所以推崇禅宗的理论，是因为禅宗的人间化与简易化，使它不再执着于仪规、也就是不再像宗教，而化为了中国人的一种智慧参照、一种哲学道理，成了"禅学"而非仅是"禅宗"。

在禅学的思想指引下，"众生平等"的理论也推衍到了社会生活中，演化成了一种德性标尺：如果承认众生的地位平等，就该尽可能维护每一个物种生存共处的权利；如果认同众生的法性平等，就该尽量地遵从每一样事物自然而然的状态。人类对于万物，不该以掠夺之心、霸占之心去强求和破坏；人类之于世界，该是以善念之心、平等之心去尊敬和平视。

这就像道家以平等心说的"天地不仁，以万物为刍狗"，上天是没有私心的，把世间万物都看作草扎成的狗。在天地苍穹的怀抱中，万事万物都经受着平等的存在与平等的消亡，都遵循着平等的规律法则和平等的因果循环。在大自然看来，"万物并作，吾以观复"，万物都在平等地生发衰落、平等地循环往复。

而宋代理学家张载提出的"民，吾同胞；物，吾与也"，是说，人民与我都是同胞、万物与我都是同类。这种"民胞物与"的观点，正是儒家代表人物，从侧面显示出的一种众生平等观。

在"众生平等"的禅学感悟及哲学思索下，也许我们与他物有着境遇差别，但是并没有优劣差别，不该怀轻蔑之心而傲视天地；也许我们与他人有着境地差别，但是并没有等级差别，不该抱轻慢之态而目空一切。怀有慈悲心性，就是能对他人他物的苦乐，以平等心去感同身受。

在中国文化里，对于平等的呼唤，有社会宏观层面的制度平等，有个人实际层面的人格平等，还有生命自然层面的众生平等。

在国学的论述中，对家国说"公与平者，即国之基址也"；对社会说"人人相亲，人人平等，天下为公，是谓大同"；对个人说"居心平，然后可历世路之险"；对官场说"临官莫如平"；更对世间道理说"持心如衡，以理为平"。在这样的文化承袭中，让我们于今朝期待，正理平治，承平盛世。

历史故事讲平等

平等的历史故事

平等，就是拥有公平和同等的待遇，包括人格平等、机会平等、权利平等……康有为说："人人相亲，人人平等，天下为公，是谓大同。"如何努力达成平等，是社会发展过程中的永恒话题。

正因为先天条件不同，人注定生而不平等，才需要在优势不对等的状况下，去尽可能实现相对的平等。地位不平等，但是人格和尊严必须平等；出身不平等，但是晋升的机会应该平等；强弱不平等，但是享用的权利理当平等……平等应当彰显在方方面面。

人与人之间，要追求平等；国与国之间，亦强调平等。

《史记·廉颇蔺相如列传》里，就记载了赵国面对武力强盛的秦国，是如何保持国体的对等、国格的平等。

战国时，秦国大将白起攻占了赵国的城池。两国交战过程中，赵国损失惨重，而秦国经过苦战，也没能再继续攻取赵国的必胜把握。既不可战，那就讲和，于是秦国派出使者面见赵王，提议秦赵两国君王，到河南渑（miǎn）池进行会面议和。

赵王虽也知以此形势，应当两国会谈，互修友好。但是他在秦国虎狼之师的积威之下，已有恐惧阴影，不敢前去渑池相会。这时，赵国的大夫蔺相如、大将廉颇，都积极鼓励赵王要勇于会面。

他们知道，如果两国因战事僵持，以期讲和，却有一方君王胆怯龟缩，那么，无疑是自己主动降低了本国的权威和形象，更会任由对方轻视欺凌。所以蔺相如与廉颇商议之后，劝赵王说：大王不能不去见秦王啊，如果您不敢出面，那就是主动示弱，赵国在秦国面前从此将再无威信地位可言。

赵王在一将一相的苦劝之下，终于鼓起勇气前往渑池。而努力挽回了国之尊严的蔺相如，陪同着赵王前往赴会。

在渑池之会上，秦王趁酒酣耳热之际，故意逗弄赵王说：寡人听闻你最喜好音律，擅长奏乐，那么不如就请演奏一曲瑟来听听吧！

赵王虽不愿当众奏瑟，但面对秦王的强硬要求他又心下怯懦、不敢拒绝，于是只好鼓瑟一曲。瑟曲奏罢，秦国的史官立刻记录道：某年某月某日，秦王与赵王会饮，秦王令赵王鼓瑟，赵王听命为秦王鼓瑟一曲。

赵国君臣上下立时都大感尴尬。史书这样一描绘，传之万世，不就是告诉后人，赵国在秦国面前矮了一截吗？如果说，秦国有权命令赵国，赵国只能取悦秦国，两国根本不是平等相交啊！如此一来，赵国流传于历史长河中的国家形象，将永远在秦国面前俯首低头。

于是蔺相如站了出来，对秦王说：我们赵王也听说了，您最善于演奏秦地的音乐。现在我就特意奉上盆缶（fǒu）给您，请您也击缶一曲，我们互相娱乐吧！

秦王听罢大怒。他当然不能顺了对方国家一个臣子的意愿，更不能让自己在两国君臣面前自降身份地去做乐师。刚刚他迫使赵王奏乐，就是为了侮辱赵王，自己怎么可能再给对方翻身的机会？所以，无论蔺相如怎么举着盆缶跪请秦王敲击，秦王都断然拒绝。

然而蔺相如却毫不退缩，他知道，两国地位是否能争取平等，就在此一举，决不能软弱。于是蔺相如态度更为坚决地对秦王说：

如果您不肯击缶的话，就在这五步距离之内，我将让自己颈中的鲜血，洒在您的身上！我愿血溅现场，宁死捍卫赵国尊严！

秦王两旁的侍从立刻抽刀想要斩杀蔺相如，但蔺相如大义凛然、厉声呵斥，令秦王的侍从也弱了气焰。秦王面对着如此僵持不下的紧张态势，也不想激发出更多不可调和的矛盾，无可奈何之下，只好勉为其难地敲了一下那盆缶。

蔺相如立刻对赵国的史官吩咐道：请你记录下来，某年某月某日，秦王为赵王击缶演乐。

秦王没占到便宜，郁闷不止。此时，秦国的群臣想继续欺压赵国，便纷纷说：既然秦赵交好，赵王也该表示点儿诚意，请赵国拿出十五座城池来，就当为我们秦王祝寿吧！

面对这种无理要求，蔺相如立刻反击说：既然秦赵两国罢手言和，秦王也该表示友好，我们也不多要什么，就请把秦国的国都咸阳送给赵国，算是给我们赵王的寿礼吧！

一来一往，斗智斗勇，直到酒宴结束，秦国竟然也没能按照预期风头大盛地压倒赵国。而赵国军队又环伺在旁，提防着秦军进攻，所以无论是在外交上还是在军事上，秦国都无法再对赵国进逼一步。

渑池之会结束后，蔺相如凭借为国争光的无上功劳，而被赵王拜为了上卿。

人与人之间，有"不食嗟（jiē）来之食"的前例，宁死不受尊严之辱，在贫富与生死面前，傲骨铮铮维护着人格平等；而国与国之间，有蔺相如"渑池之会"的勇气与智慧，据理力争，寸步不让，拼死维护国家尊严的平等。

明代刘伯温说，"持心如衡，以理为平"，平等，这是"不如心地行平等"的人间正道，更是"春风著物须平等"的天地法则。

学习经典说平等

合则强，孤则弱

2015年5月7日，在出席俄罗斯纪念卫国战争胜利70周年庆典并访问俄罗斯前夕，国家主席习近平在《俄罗斯报》发表题为《铭记历史，开创未来》的署名文章。文章中提到："今天的人类比以往任何时候都更有条件朝和平与发展目标迈进，更应该努力构建以合作共赢为核心的新型国际关系。'合则强，孤则弱。'合作共赢应该成为各国处理国际事务的基本政策取向。"

（一）合则强，孤则弱

"合则强，孤则弱"，这句引言出自《管子》，原句是："夫轻重强弱之形，诸侯合则强，孤则弱。"意思是说，关于国家轻重强弱的形势问题，各诸侯国能够联合起来就强大，彼此孤立就弱小。这句话，表达着各国对峙的严峻形势下，国家之间的相处之道，也体现了国力强弱不均的失衡状况下，各国力求平等的角力之法。

《管子》一书，集中体现了春秋时期法家代表人物管仲的思想。管仲在齐桓公时期担任国相，他积极推行改革，成功富国强民，使齐国强盛于其他诸侯国。管子之于齐国的重要影响力，被评价为"国以一人兴，以一人亡"。

（二）合纵连横

从管子任相时的春秋到秦大一统前的战国，诸侯国局势又发生了变化。此时活跃在华夏版图上的主要有七个邦国，称为"战国七雄"，其中齐国、秦国的实力最强，总有虎视眈眈吞并他国的野心。为了对抗齐、秦大国对其他国家的欺压和兼并，纵横家便倡导各国联合起来抵抗一个共同的强大帝国，这种外交和军事策略，就叫"合纵"。

而到了秦国独大的时期，著名纵横家、外交家苏秦游说列国，使六国包括齐国一起结盟"合纵"，共同抵御秦国的称霸之路。所以苏秦兼佩六国相印，他一手缔结的合纵联盟也确实卓有成效，使秦国十五年不敢兵出函谷关。

"合众弱以攻一强"，这就是"合纵"战略，也就是管子说的"诸侯合则强"，戮力同心、结盟同好，合作共赢、防止霸权。

而秦国之所以最终吞并六国，是因为秦相张仪敏锐地看出了六国之间存在的不同心、不同德之处，于是以"横"破"纵"，他提出"连横"策略，击破了六国"合纵"结盟。秦国采取"远交近攻"之法，拉拢和利诱地理位置较远的国家，而攻打和蚕食处在周边地缘的国家，逐渐势大独霸，六国也瓦解消弭。

"事一强以攻众弱"，这就是"连横"策略，也就是破坏盟国之间的合作。等到各国真如管子所言的"孤则弱"，便去逐一击破，最后强国独大。

"合纵连横"也简称"纵横"，就是指由战国形势而产生的军事外交策略。

（三）合作共赢，平等共存

后人读史，从诸侯割据的战国局面，联想当下的家国形势和国际态势，总有以史为鉴的感叹。其实"连横"能击破"合纵"，不在于这两个策略本身孰是孰非，而主要在于结盟国家之间的力量分化、信任缺失、不团结不互助。

诚如唐代杜牧《阿房宫赋》所言："灭六国者六国也，非秦也。……嗟乎！使六国各爱其人，则足以拒秦。"而宋代苏洵《六国论》也如是说："六国破灭，非兵不利、战不善……"六国破灭，在于自身抗敌之力不强而又同盟之心不坚，那就只有自取灭亡了。若非如此，以通力合作去抵抗秦国霸权，何愁不能形成国家共处中势均力敌的平等态势、并存局面。

"合则强，孤则弱"，国际相处之道总是如此。面对霸权主义的国家，如果各国能在合作共赢的基础上、不断强化自我发展，同心同德结盟、自强自信生存，那么国际关系中的多元共生、和平共处，则可成鼎立安稳之势、则可期互助和谐之态。稳定和平、互利共赢，是人民之福、家国之福、世界之福。

传统文化论公正

公　正

社会主义核心价值观在社会层面的第三个价值取向，是公正。

公正，就是公平与正义。谈到公正，既要从制度和法律层面去树立、构建社会的准则，也要从历史和文化方面去梳理、实现人心的教化。以文化的视角谈公正，可以从三个维度来探讨。

（一）社会公正

社会层面的公正，在传统文化里很早就开始论述了。历朝历代的思想者，都致力于打造一个公正的社会环境。

何为公？"公"是与"私"相对的概念。早在战国时期的《礼记》里，就有这样的理想描绘："大道之行也，天下为公。"大道施行，意思是说，当政治上的最高理想得以施行的时候，就是全天下可为人们所公有的时候，那就是大同社会。而"公有"的对立面是"私有"，如果社会制度仅仅是为维护统治者私人而设置的，那就不是"天下为公"的大同社会。所以宋代学者朱熹说"一心可以兴邦，一心可以丧邦，只在公私之间尔"，国家兴盛之道，在于社会制度必须为广大的公众利益服务，统治阶层不能一味地私心为己。因此，"公"的本质，要以芸芸大众为重心。

而"正"，是与偏、倚、歪、斜相对立的概念。宋代欧阳询曾说"一言正，天下定，一言倚，天下靡"，他所说的"一言"，其实正是针对制度发出者，也就是针对社会统治者而说的。当我们的社会，是以追求正义为使命、以崇尚正直为理想的时候，歪风邪气就吹不灭浩然正气。

公正，意味着要以理性之心、文明之心，去对抗人性中生来就存在的私心和偏心。公正的艰难在于，要与每个人心中的偏私本性作对，因此，仅靠人性自觉是难以实现公正的。所以，人们渴望用整体社会的公正力量，去制约某些个体的偏私邪念，使公众利益都能得到保障，不因某个人的自私而使大众权益受到侵犯。正因此，社会层面的公正才显得如此重要。

为了实现一个更加公正的社会，历史上的历代为政者，都在不断地思考着、不停地努力着。从战国开始，荀子告诫人们"公生明，偏生暗"；到晋代，傅玄写下"政在去私，私不去则公道亡"；及至唐代，房玄龄说"理国要道，在于公平正直"；又至宋代，苏轼写"治身莫先于孝，治国莫先于公"；乃至明代，方孝孺云"公其心，万善出"；再到清代，王夫之言"以天下论者，必循天下之公，天下非一姓之私也"。这些历史上的学问大家与王佐之才，无一不把社会的公正，看作是治国之要、兴国之道。

所以说，呼吁和构建一国之公正，这是历朝历代的施政者与受政者、为官者与为民者共同的社会理想，是中国历史如同接力棒一样在不辍探索实践着的思想传统。

（二）人心公正

制度的公正，固然是全社会的理想，但这样的理想社会不是轻易能够实现的，所以才会有历史上那么长时间里的那么多政治家，都在不断论述着怎样才能实现这个目标。那么，当制度公正尚未圆满如愿的时候，人们在生活里该祈求于何方的公正呢？这个时候，中国社会里的舆情就发挥着极大的作用。舆论的公正、人心的公正，补充着制度公正的缺漏。

所谓"群众的眼睛是雪亮的"，唐代名相姚崇说过"心苟至公，人将大同"。很多人和事，尽管在当时的法令制度中，在当时的官方制裁下，不能得到公正的审判，然而民间给予了它们公正的对待。

比如南宋的抗金名将岳飞。由于宋高宗政权希望能与金国罢兵和议，便必须按金国意愿杀掉一力主战的军事将领岳飞，由此，已经收复了部分山河的岳飞及其长子和将领张宪全都被杀。悲叹"十年之力，废于一旦"的岳飞，虽然他的精忠报国未能换得朝堂法度的公正相待，却博得了广大民众的拥戴。

早在给岳飞定罪之时，众多臣僚就为他力辩，声讨那以"莫须有"理由论处岳飞三人的秦桧，说"莫须有三字，何以服天下"！而众多的军民百姓，更是为岳飞悲泣鸣冤，从后世多处可见的岳王庙及大量存世的纪念诗词，都可以看出民间力量对英雄的歌颂、对正义的维护。

当初岳飞在供状上留下八字绝笔："天日昭昭，天日昭昭！"天日总会昭明真相。二十年后，宋孝宗为岳飞平反，对他重新礼葬，后来的南宋朝廷又对他多有追封。这份史称"千古奇冤"的莫须有之罪，终是在公正的呼声中得到了昭雪。

这是一件真实的历史事实，它印证着：公正虽可能在制度层面被人为地缺位，然而在"水能载舟，亦能覆舟"的人民大众层面，始终拥有着强大的基础。正因强权可能抹杀公平，民众才格外拥护公正。

对于这种权力阻碍与群众诉求的反差，民间戏曲故事里则体现了更多对公正的强调。比如关汉卿的元杂剧《窦娥冤》，演绎了一个年轻的民间女子窦娥，遭人陷害被判斩首的冤案。那叫苦无门、诉冤无处的窦娥，在临刑前，怀着满腔悲愤唱响了一段著名的《滚绣球》，她唱道："有日月朝暮悬，有鬼神掌着生死权。天地也！只合把清浊分辨，可怎生糊突了盗跖、颜渊？为善的受贫穷更命短，造恶的享富贵又寿延。天地也！做得个怕硬欺软，却原来也这般顺水推船！地也，你不分好歹何为地！天也，你错勘贤愚枉做天！"窦娥这里指责的天、地，其实就象征着掌管民众生死命运的政权与司法，她怨恕的是当时元政府统治下广大人民遭受的不公正命运。

无奈之下，作者关汉卿借窦娥的台词，把命运的公正权，寄予未知的冥冥苍穹。戏里说，如果窦娥当真冤枉而死，就让那一腔热血不落地、全洒在空中白练上，就让这三伏天里飘霜雪、掩盖住尸身不见天，就让这楚州大旱三年、警醒人心世道不公。后来，这三桩愿果然都逐一应验，显示了窦娥在司法扭曲下的泣血冤情。虽然这仅仅是一种浪漫主义的文艺表现手法，但《窦娥冤》剧目从元代开始便一直在民间广受欢迎，常演不衰，说明大众对于公正的呼声是何其强烈！民众心中，始终有一座衡量万物的公平秤，以广大群众为基座，以千古民心为秤砣，以公正道义为法尺，称量天下的正义与邪恶。

因此在中国历史的演进中，人们相信：当制度不公时，还有人民的公正在补充判决；当法度不明时，还有人心的公正会昭如明镜。正如傅玄说"有公心必有公道，有公道必有公制"，坚持人心的公正，必能等来制度的公正，这就是中国文化的公允信条。

（三）历史公正

在追求公正的历史进程中，制度会有缺漏，人心也难免会受蒙蔽，所以中国文化更要求有识之士，以"留取丹心照汗青"的坦荡精神来面对现世沉浮，确保无愧我心，留待青史正名。倘若当下境遇有所局限，那便将公正的判别交由历史和时间。

历史上多少的冤假错案便是如此，当时为人所不察，但时间河流的洗涤，会冲刷出真相大白。岁月，奖励给冤屈者以公道的补偿，就是使之从此青史留名。

比如明末抗击清兵入侵的名将袁崇焕，被诬为通敌叛国罪而处以凌迟极刑。当时的百姓都对进逼京城的清军痛恨刻骨，于是对这个诬陷袁崇焕为通敌叛国的军事将领，更是加倍地恨之入骨。

但是，历史的一时噤声，并不意味公正的永远错位。从清朝乾隆帝开始，便对袁崇焕被枉杀的罪名进行了重新评估，而在当代，袁崇焕被认定是"明末爱国领袖"，更不乏专门纪念他的祠堂和墓园。

出于政治过失而造成的公正缺失，付出代价往往太过沉重。然而类似的规律，在其他领域里也是同理。比如，论及文学的成就，陶渊明的田园诗在我们当代看来是不拘一格的自成一家，具有开山鼻祖式的重要影响。然而在陶渊明生活的时代，乃至后来很长一段时间里，人们都认为他的诗歌只是平平无奇的中品，并未给予他公正的评价。直到他去世后一百年，南朝梁代的昭明太子萧统，才首先认可了陶渊明的诗文，为他编纂专集；再到唐代，山水田园诗人开始学习陶渊明的诗文品格；而至两宋时期，欧阳修、苏轼、辛弃疾等人都对他赞不绝口，苏轼甚至说"吾与诗人无所甚好，独好渊明之诗"。陶渊明的文学成就，由不被欣赏到备受推崇，这份评价归位的过程，正如他诗里的那份恬淡，一路悠然缓行，终于等来历史的公正品评。

时间的考验，是一种如同大浪淘沙般的苛刻选择，真正具有含金量的人和事，方经受得住误解与寂寞的长久淬炼，等待岁月的解密，等来历史的公正。

所以，孟子告诉仓惶于世的人们，"我善养吾浩然之气"，培养保持自身的浩然正气，何惧命运沧桑横逆！那么，何谓浩然之气？孟子解释说："其为气也，至大至刚，以直养而无害，则塞于天地之间。"这种气场，无比浩大又无比刚强、用正义培养而非以奸邪侵害，它将气劲充足、影响世界。浩然之气，其实就是一种正直无畏的气场，一种大气磅礴的正能量。

一个人能拥有这样的气场，其他人是会被震动的，历史也是会感应到的。明代吕坤因此说："以至公无私之心，行正大光明之事。"无论社会制度有何欠缺，无论当下民心有何偏差，但求己心光明。人所具有的坚定意志和浩然正气，是能够气韵凛然，推动历史清正，促进社会更加公正的。

所以中国文化以"公道自在人心"的从容不迫，教育着人们：

在我们努力构建一个公正社会的进程中，如果制度亏待了你，如果舆情误会了你，那么，还有历史的公允在遥遥注目，历史的宣判远远不止于当下的得失。历史给出的，也许不是立竿见影的答案，但是它一旦郑重作答，必是审慎称量过后的分量，它必须考验一个人是否具有真正载入青史的资质。

因此，假如一个人感觉当下的社会和人心是缺乏公正的，那么，正该以自身的公正不阿，去填充人世间的浩然之气。因为"事在是非，公无远近"，无论是社会的公正，还是人心的公正，或是历史的公正，追本溯源，都首先依靠每个人自我的公正。

历史故事讲公正

公正的历史故事

公正，意为公平正义，没有偏私。

公心与私心相对，正直与偏颇相对，因而人们才常把"公正无私"联系在一起来说。

由秦国丞相吕不韦主持编撰的先秦巨著《吕氏春秋》，里面就专门论述过"贵公"与"去私"的主题。其中有一个历史故事，是这样讲述的：

春秋时期的晋国，有一位国君，史称为晋平公，他在执政的前半段时间还是比较励精图治的，其中，他就任用了祁奚为公族大夫。

祁奚与晋平公都属于同姓宗族，他姓姬，字黄羊，所以也常常被称为祁黄羊。因为他被封赐的食邑在今天山西的祁县，所以才称呼他为祁氏。

祁黄羊一生，历经了晋景公、晋厉公、晋悼公、晋平公四代君主。作为四朝元老，他的为人处世，一向以大公无私、急公好义而著称。所以，在晋平公执政时期，有一次南阳县缺少县令，晋平公就专门咨询祁黄羊：朝中有哪位贤能的人才，堪当南阳县令呢？

祁黄羊想了想，认真对晋平公说：我推荐解狐这个人，他可以胜任这个位置。

晋平公听了十分惊讶，因为他知道，解狐和祁黄羊，是有着杀父之仇的。晋平公难以置信地追问祁黄羊说：解狐他可是你的仇敌啊，我万万想不到，你怎么会推举他呢？

祁黄羊于是以义正的言辞回答晋平公：您是在问我，可以担任县令的人是谁，并不是在问我，我的仇敌是谁。

晋平公听后，十分赞许祁黄羊的心胸，也就接纳了他的举荐，把解狐派遣到南阳做县令。后来，出任南阳令的解狐，果然应验了祁黄羊的慧眼独具，为官极为称职，为当地做了不少好事，百姓们都交口称赞。

过了一段时间，晋国又空缺一个军尉的职衔。晋平公再次请来了识人眼光和人品气度都令他颇为信任的祁黄羊，问询他，谁是出任军尉的合适人才。

祁黄羊思索过后，告诉晋平公，祁午适合任职。

他的回答再次出乎晋平公的意料。晋平公不解地问他：祁午不正是你的儿子吗？你居然会推荐自己的儿子？换作别人，肯定都会顾忌避嫌，不会像你那样不管不顾地提名自家人的啊。

祁黄羊再次不卑不亢地对答说：您是在问我，适合任职军尉的人是谁，不是在问我，我的儿子是谁。

晋平公听后，立刻明白了祁黄羊光明磊落的心地，便同意了他的这一提议，任用祁午到军中效力。

祁午就任后，尽职尽责，国人对他纷纷称赞。

孔子听说了祁奚举贤的事情之后，非常敬佩，他恳切地评议道：祁黄羊真是典范人物啊！他的言论基础和行事规则，就在于他有一份"外举不避仇，内举不避亲"的公德公心，他是真正的大公无私之人。

　　祁黄羊的类似往事，还被记载在注解《春秋》的《左传》一书里。具体描述虽然有所不同，但是精神内核是与此一致的——就是孔子评价他的那一句经典语录："外举不避仇［原文使用的是"雠（chóu）"字］，内举不避亲。"

　　外举不避仇，是不以嗔恨心而扭曲了对是非曲直的判断和坚持，不偏不倚，仗义执言。

　　内举不避亲，是不因亲近心而蒙蔽了对事实公道的认知和举措，当言敢言，当仁不让。

　　而《左传》评价祁黄羊的话是："称其仇，不为谄；立其子，不为比；举其偏，不为党。"推荐仇人，而不谄媚，推立儿子，却不偏袒，推举下属，又不勾结。

　　这就是君子坦荡荡，磊落风度，光明心地。

　　这又是君子不党，独与天地往来，风骨清正。

　　这就是公正，就是像《吕氏春秋》另一篇文章里的一句话："其为人也，公直无私。"私怨，不波及公事；公道，不掺杂私心。

　　因此明代思想家吕坤说："以至公无私之心，行正大光明之事。"公平正义，光明磊落，无私无畏，不偏不党，这就是公正。

学习经典说公正

理国要道，在于公平正直

2014年1月7日，习近平总书记在中央政法工作会议上，引用了唐代史学家吴兢在政论史书《贞观政要》中的一句话："理国要道，在于公平正直。"

（一）公平

公平，是人类社会在发展过程中，始终努力追求的标准。然而，绝对的公平，在任何时代、任何制度里，都是不存在的。每个人从天生的客观条件上讲，因为个体状况不同、地域环境不同、机会际遇不同……就必然会面临不同的起点和不同的道路。生而存世，我们必须首先正视先天的不公平，而后才能去理智地改变不公平。

正因为从客观层面，世界上并不存在绝对的公平，所以才要努力地从人为层面去构筑相对的公平，追求后天营造的公平。

比如，社会规则倘若给每个人以同样的待遇，这就只是一种似是而非的"平等"，并不是真正意义上的"公平"；而相反地，社会能够给弱势群体以更多的照顾、更多的政策倾斜，这种表面的条件上的"不平等"，才达成了结果上的公平。这也就是一个文明社会提倡照顾"老弱病残幼"的道理——那么还原生活来看，我们在公交上是否该给更有需求的人群让座？这不是需要口齿争论的是非话题，而是该去努力践行的公平准则。

如果社会不够公平，人们会怎样反应？唐代韩愈就形象地说："大凡物不得其平则鸣……人之于言也亦然，由不得已者而后言。其歌也有思，其哭也有怀，凡出口而为声者，其皆有弗平者乎！"韩愈论述道，如果物体没有处于平静的状态，就会发出声音，比如水面不平则波涛涌动；那么，人心也是同理，久处不平，则人言鼎沸、物议沸腾。人们或歌或哭、或言或声，都是因为心中不平，久久不得公平相待！

人们总是觉得不公平，社会就会不太平。对此，孔子就严肃地教育弟子说："丘也闻有国有家者，不患寡而患不均，不患贫而患不安。盖均无贫，和无寡，安无倾。"家国天下，物资匮乏并不算最可怕，最可怕的是分配方式不均等。如果物资均衡，人们互相就不会感觉贫乏；如果社会和谐，社稷之安就不怕人少力薄；如果国家安定，这个时代就不怕倾覆之灾。

因此《大学》提出的人生修为进阶等级中，说"修身齐家治国平天下"——最高的目标"平天下"，既是要"平定天下"，也是要"天下太平"。而天下太平，就需要社会公平。

（二）正直

一个人正直与否，体现为人格的把握能力；

一个社会正直与否，体现为国家的治理能力。

所谓上行下效，政令坚持正直的判断、正义的执行，百姓个体才能保持一份信奉正直的精神力量。所以《论语》当中就明确说明了这样的道理：

哀公问曰："何为则民服？"孔子对曰："举直错诸枉，则民服。举枉错诸直，则民不服。"

鲁哀公问，怎样做才能使百姓信服呢？孔子回答说，提拔正直的人，让他们统帅在邪佞的人之上，百姓就会心甘情愿地服从；如果把邪佞的人放置在正直的人地位之上，百姓就肯定不服。

这就是正直之于国家治理、之于社会安定的重要力量。

孟子说"枉己者，未有能直人者"，自己不行正道，是不能使他人正直的；

明代诗人王廷陈说"宁为直伐，不为曲全"，宁愿保持正直而遭玉碎，也不变节曲邪而求瓦全；民国时期的蔡锷将军也说："以正胜邪，以直胜曲。"

（三）公正

百姓对于公平正直的渴求，往往反映在，把历史人物传奇化、把传奇故事神圣化。

比如，北宋名臣包拯，因为他为官清廉公正，所以逐渐演化为剧目里妇孺皆知的"包青天"，被树立为铁面无私、正直无畏的人物典范。即使包拯的最高官职，是在死后被追赠为礼部尚书，谥号孝肃，然而在广大人民的心中，他永远被定型为开封府尹的形象，永远都是百姓心中最需要的父母官的角色——即使被授"龙图阁直学士"的包拯，更为文雅高贵的别称是"包龙图"，但是古往今来的民众对他最爱戴的称呼依然是"包青天"，不以职位命名他，不以谥号官称他，而是以公平正直的品格，来世世代代地定性他。

而在戏曲故事里，有一个昆曲剧目叫《白罗衫》，所讲述的是：年轻有为的监察御史徐继祖，在办案时，发现一桩杀人夺子的惊天大案的主犯，竟然就是自己的养父徐能！原来，徐能在十八年前迫害了徐继祖的亲生父母，而把刚刚出生的婴儿徐继祖收为养子，并呵护备至地抚养成人。徐继祖得知这个身世机密之后，震惊于恩人又是仇人的纠缠不清，经过了情仇两争锋的内心挣扎，还是决定要秉公执法，让案情真相大白。最后，他把罪犯也就是自己的养父徐能擒获伏法，终与失散多年的家人团聚。

《白罗衫》的故事，设置了一种极度戏剧化的境地，来考验人性在紧要关头的抉择，来完成世间法理的艰难。虽然人们也会对情节设置的法理冲突存有争议，有些观众就认为徐能对养子有养育之恩、徐继祖也应该对养父有报恩之义。但是中国古人就是把这样的情理冲突，放置在一种极致的风口浪尖上来考量。这出剧目特意彰显的，并非是感情要如何善后，而是正直该如何保留。

什么叫公平正直？就是有一千种可以"曲"的理由，但是坚决选择唯一的属于"直"的正道。《荀子》里说："是谓是，非谓非，曰直。"任何人做任何事，都可以为自己的人性屈从和心灵扭曲找出百般借口——借口永远是不缺少的，就导致了正直往往是缺位的。

我们社会大力弘扬的社会主义核心价值观，在社会层面的价值取向上，要强调"公正"。公正，就是公平正直，就是能仰不愧于天、俯不愧于地，就是习近平总书记引用《贞观政要》说的这一句："理国要道，在于公平正直。"

传统文化论法治

法　治

社会主义核心价值观在社会层面的第四个价值取向，是法治。

（一）"法治"与"法制"

当我们谈起"法治"的时候，常常会将它与"法制"相混淆。

法制，是一种法律化的制度；法治，是一种依法治国的观念。

法制，是社会秩序的管控法则；法治，是全体公民的内心准则。

法制，是靠法令的硬性规定来实行他律；法治，是靠民众的思想意识来实现自律。

法制，通过制度规范行为，强制遵守法规，是治国的手段；法治，实现全民意识统一，自觉依法行事，是治国的目标。

"法制"社会的他律方法，是确保人们依法行事的必要手段，而"法治"观念和自律精神的真正建立，才是使人从受制度支配走向自觉依照观念行事，才是使人从必然王国走向自由王国，才真正是一个社会经由"法制"的治理方式，走向了"法治"的理想状态。

所以我们的社会，既需要制度的强大保障，更期待观念的深入人心。当"法治"成为举国上下高度统一的观念认同、行为认同时，人们便可以自觉遵循内心准则的感召、接受自我主动的约束，而非寻求外部规则的漏洞、挑战法规的底线。

中国古代很早就有了"法"的意识，认识到以法治国的必要性。《管子》说："法者，天下之程式也，万事之仪表也。"法，必须作为社会行为的准则规范。《韩非子》说："家有常业，虽饥不饿；国有常法，虽危不乱。"一个家庭，若有恒常的产业，即使遭遇饥荒也不会挨饿，一个国家，若有恒定的法律，即使遭遇危难也不致混乱。所以说，法，是规范社会的法尺，是稳固事态的准绳，这就是古人对"法治"的重要认识。

然而，并不是有认识就能落实成行为，并不是有规则就能维护住秩序。比如《史记》记载的周幽王"烽火戏诸侯"的故事。古时烽火的点燃，是涉及军事战争和国家安全的重大事项，设定有严格的制度规范。在周代，都城镐京附近修有二十多座烽火台，每当京城告急、天子有难，烽火便会一座接一座地点燃，各地诸侯看到狼烟四起，便知军事紧急、家国垂危，就会纷纷带兵前来、勤王靖难。但是，周天子与诸侯王之间这严肃的契约，却被周幽王当作博美人一笑的游戏。周幽王为了能引逗艳若桃李却冷若冰霜的爱妃褒姒展颜一笑，便带着她上烽火台燃起烽火，招各路诸侯前来一会。正当各地兵马火速奔来，准备与设想中的侵略者誓死一战的时候，却看见他们效忠的对象正与美人在城上开怀大笑，认为这样兵马惊慌而聚的戏剧化场景非常有趣。而由于褒姒罕见地笑了，大喜之下的周幽王颁赐千金给献出这个"烽火戏诸侯"计策的佞臣，这便是"千金一笑"成语的由来。

可是，周幽王只看到了美人的笑颜，却没看到将士的怒火。他戏耍了法则的严肃性，法则便要戏耍他的号召力。周幽王自以为找到了观赏喜剧的最佳节目，真实而刺激，便频频以烽火之号戏弄诸侯前来。最后，当国内的反抗者与边疆的侵略者联合前来进犯镐京时，他纵使心急火燎地命人将烽火一燃昼夜，也没有救兵愿意前来。走投无路的周幽王，死于敌军之手，西周王朝也就此灭亡。

烽火报警的制度，本是古时军事上的有效通讯法则，但周幽王的思维中却丝毫不存法之意识，他将个人荒唐凌驾于法规严整之上，使"法制"规则名存实亡，更使一代天子国破家亡。他是从思想意识的根源上，就始终欠缺对"法治"意识的理解和尊重。

这便是一种"法制"手段与"法治"思维的断裂——虽然设定了严格的法规制度，却没能依照法治观念行事，"法制"的手段，为缺乏"法治"意识的头脑所抛弃。

因此，既要用"法制"的准则来维护"法治"的理念，更要靠"法治"的思维来指挥"法制"的执行。

这就如清末法学家沈家本所说："国不可无法，有法而不善与无法等。"如果设立了法制却不善加执行，就等同于无法的社会。而纪律严明的兵家深谙此道，《史记》中还记载过孙武训兵的一个故事。春秋时期，吴王想要考察孙武的本事，就出了个古怪的题目，让他以练兵之法去训练宫女与后妃。这些后宫女子，最初对于模拟军训之事备感新奇，哪里肯听从孙武的指挥，总是嬉戏笑闹。孙武将她们分成了两队，在交代清楚纲纪和口令之后，看女眷们依然无视纪律、一味嬉笑，就下令将两队的队长，也就是吴王的两位爱妃依照军法处死，就连吴王为之求情也置之不理。孙武强调，军法当前，令出必行。如此一来，宫女们再不敢无视法令，全队严肃齐整，吴王也看得肃然起敬。

孙武起初规定的"法制"命令，宫女们不以为意，是因为她们并没有将之理解为"法治"层面上的意识。观念若不树立，行为就有偏差。后来孙武通过以儆效尤，让"法治"的观念深入扎根到宫女们的思维中，"法治"才真正上升为自觉指导行为举止的思想意识。

若是进一步，这种思想意识推广成全民意识、将治兵之道推广为社会治理，便是法治社会的形态。

《韩非子》中说"故治民无常，唯法为治"，其实，法的用途不只在于古人理解中的治理人民，更在于今天社会中的维护人民。

当今的法治社会，就是要依从法治，为民服务。

这便涉及"法治"与"法制"的根本不同：

法治，是以教化来树立思维方式上的依法观念，法治意识的培养，是期待能"防患于未然"；

法制，是用禁令来规范道德底线上的守法行为，法制规则的设定，是执行着"惩于已然之后"。

"法治"的教化，是为了培育人心中善的种子，使人性之善发扬光大；

"法制"的严令，是为了惩罚人心中恶的因子，令人性之恶交付代价。

（二）性善与性恶

说起"法"：古代的法，更偏重于惩罚，对于犯罪行为"惩于已然之后"，即使刑罚再恐怖、法令再严苛，也是威吓于人的不得已而为之；而今天的法，更应偏重于教导，是为了指导人性善恶分明，保护人心不堕深渊，警惕恶之花违法生发，通过法之教化，感召人们在善恶抉择的观念上"防于未然之前"。

这也涉及中国文化里对于人性善恶的判断分析。同是儒家思想的代表，孟子的思想偏向于"人性善论"，认为人生来就怀有善心，所以他坚持德治，呼吁以德育人、以德治国；而荀子的理论衍生出"人性恶论"，认为人生来就具有恶心，所以他教出了李斯、韩非子等法家弟子——法家思想者，正是由于不信任人性才重法度。

其实，人性中既有善的一面、也有恶的一面，善的天使与恶的魔鬼天生就是一对双生子，同时存在于人心初生之时。当法镜呈立于人心面前，当人心角落在法理的监督下秋毫毕现，必然会照见恶的影子，也同时会闪现善的样子，这才是完整的人性。

对于人性之恶，无法杜绝，只能教化，引导它向着善的一方转化、防患于未然之前，而非坐看它壮大显形，然后再以血腥之法惩罚。毕竟，惩罚的对象不仅仅是恶人恶行本身，常常要陪葬更多受害者，甚至要整个社会来为这份恶果共同买单。"法"存在的本质意义，在于良性治理，在于德善的引导，而非严刑酷吏，而非残酷的手法。

中国文化还强调，"一阴一阳之谓道"，阴阳两面总是相辅相成的，所以，既要肯定人性的善，也要承认人性的恶，既要培养自律精神，也要依靠他律方法——这就是《孟子》里说的"徒法不足以自行，徒善不足以为政"，单只有法令不能自我生效，单只有善教也不足够理政治国。对于人的两面性，既要进行德治，也要运用法治，既需要"法治"观念的教化和引导，也需要"法制"规则的约束和保障。

然而，人性进化的理想目标、人类文明的发展方向，就是不断地从阴暗性走向光明性、从动物性走向文明性的过程；社会对于公民的期待，也是能实现"法治"的全民化、自主化，而公民对于社会的期待，更是能实现真正的法治化、自由化——所以，真正的法治社会，该是公民身处其中感觉"从心所欲，不逾矩"的自由状态，那是人性发展经由原始而至高尚，经由被动约束而至自我规范的社会，是由法律管制而到自觉守法的社会，是由"法制"制约而到"法治"治心的社会，也就是，是人们经由必然王国走向了自由王国。

"政不二门，以法治国"，崇尚法治，就是崇尚用法的思维治理家国，用法的严谨规范市场；

"治国使众莫如法"，崇尚法治，就是崇尚用法的理念指导行为，用法的严肃警醒人心；"法分明，则贤不得夺不肖，强不得侵弱，众不得暴寡"，崇尚法治，就是崇尚用法的精神教化人性，用法的意识发展文明。

文明社会的发展，必要在法的框架内进行；而法治的根本，是使社会文明走向最终超越法规的、人人都能理性而自由的明天。

历史故事讲法治

法治的历史故事

　　法治，就是能确立依法治国的观念和制度，如《晏子春秋》说"修法治，广政教"，不仅用法治的理念治国，还能让民众也真正培育起法治的意识。

　　《老子》曾说，"天网恢恢，疏而不漏"，此语本意是指笼罩世间的公道法则、天道循环的自然规律。而在当今时代，这句话更像是形象地描述着有形社会被无形法治所全方位覆盖的态势。

　　而在法治的这张大网之中，"天似穹庐，笼罩四野"，每个人都像是生活其中的鱼，有些人会感觉从容适意、自由自在，有些人却感觉常常碰壁、处处受限。其实，身处同样的法治社会，是受管制还是被保护，是更受限还是更安全，完全只取决于一条——是在违反还是在遵从法治精神。

　　在法治的框架内，虽章法严谨却条理分明，能有张有弛而合理合度，既不是严苛峻法，也不是刑罚恐怖。所以真正的法治，不会令人恐惧，只会令人拥护。

　　其实《西游记》里描写的孙悟空西天取经的故事，就像是一个没有规则意识的自然人，接受法治教育，最后成长为一个具有法治精神的合格社会人的过程。

社会大舞台，很像是《西游记》里描述的神魔往来、上天入地、任意穿梭的神话世界；而在法治精神未健全时，钻法律漏洞、信奉潜规则、挑战法律尊严的人，也像是自封为"齐天大圣"而不懂法规、沾沾自喜、妄自尊大的孙悟空——在文明的意识觉醒之前，在法治的意识建立之前，原始心性驰骋得有些盲目、有些膨胀、有些放纵、有些野性。然而，孙悟空从一个未经教化的天产石猴一步步成长为觉悟正道的斗战胜佛，就正是他接受法治而自律的过程。

孙悟空出世学艺、目空一切、大闹天宫，就像是一个年轻人"初生牛犊不怕虎"，自负一身本领便开始挑战所有规则，妄想打破一切秩序的状态。孙悟空"齐天大圣"的这个封号，就是他心比天高、心浮气躁的表现，就是极度自我膨胀的象征。在今天看来，这就比喻着一些未受法治教化、缺乏规则意识、极度自我的躁动不安之人。

而后，不停闯祸的人终于碰壁，受到惩处——这便是孙悟空闹腾得太过分，被如来佛祖一掌拍下，关押在五行山下的阶段。这就是挑战法治而必须付出的沉重代价。

直到孙悟空五百年受罚期满，他终于忏悔说"我已知悔了"，便走上新的人生路，一切从头开始，稳扎稳打地学做人、学做事——这就是西天取经的漫漫长路。

而在这学习着如何遵守社会规则、如何知法守法的修习阶段，道理虽明、心思虽定，成长历程却并非简单顺利，既需要自律，又需要他律，也就是既需要修养的自我约束，又需要法治的外部监督——所以孙悟空在刚刚踏上取经路时，由于还不能管理好自己的言行，时常过激行事、伤人无度，观音菩萨便为他头戴金箍。顽猴一旦毛躁冒失，就由唐僧念一段紧箍咒来进行管控。

而西天得道、取经成功，也是喻示着教化完成、心性成熟的人生阶段，此时的孙悟空，本还想请唐僧把他头上的金箍松下来，唐僧却告诉他，"当时只为你难管，故以此法制之。今已成佛，自然去矣"。孙悟空头上原本束缚他、禁锢他、约束他的那道管控的金箍，已经随着他心智的成熟，自然而然地消失不见了。

——这是一个非常重要的喻示，喻示真正的成人，不必烦恼于外部加诸给他的那些管控和限制，而能自然而然地自我约束、自由自在地随性行事。这种状态，就是孔子所说的"从心所欲，不逾矩"的状态，顺从心意畅快行事，既不会触碰他人的禁忌，也不会触犯规则的底线，在法治规范下驰骋人生。

也就是已经可以在没有负累的情况下自觉践行着法治的精神，已经可以在法治的框架内实现真正的自由。

在现实的法治社会，就像《西游记》构造的虚拟世界，很多人都曾像横空出世的孙悟空一样自以为是、放肆张狂。从人性来讲，我们都不希望被他人制约，我们都希望最大程度地享受自由。而自由，其实既是民众对社会的期待，也同样是社会对民众的期望，因为自由化的真正实现，就是法治化的深入人心，就是人人践行"从心所欲，不逾矩"的状态，就是像孙悟空成熟圆满的状态，也就是，每个人都能够自觉地依法行事的状态。

法治观念和自律精神的真正建立，才使人从受制度支配走向了自觉依照观念行事。

《管子》有言："法者，天下之程式也，万事之仪表也。"在秩序范围之内，在法治保护之下，在天网恢恢之中，自在而活，不委屈自己也不侵犯他人，这才是得到了真正的自由。所以，法治，恰恰意味着每一个公民的自由和安全。

学习经典说法治

**善治病者，必医其受病之处；
善救弊者，必塞其起弊之原。**

　　国家主席习近平2015年11月15日出席在土耳其安塔利亚举行的二十国集团领导人第十次峰会，并发表题为《创新增长路径共享发展成果》的重要讲话。在讲话中，习近平主席指出："中国古代先贤说：'善治病者，必医其受病之处；善救弊者，必塞其起弊之原。'究其根本，世界经济发展到今天，上一轮科技和产业革命所提供的动能已经接近尾声，传统经济体制和发展模式的潜能趋于消退。同时，发展不平衡问题远未解决，现有经济治理机制和架构的缺陷逐渐显现。这些因素导致世界经济整体动力不足，有效需求不振。其表象是增长乏力、失业率上升、债务高筑、贸易和投资低迷、实体经济失速、金融杠杆率居高不下、国际金融和大宗商品市场波动等一系列问题。这就像一个人生了病，看起来是感冒发烧，但根子在身体机理出了问题。"

　　"找准了病灶，就要对症下药。作为国际经济合作主要论坛，二十国集团要确定目标、指明方向、发挥领导力。我们既要治标以求眼下稳增长，又要治本以谋长远添动力；既要落实好以往成果，又要凝聚新的共识；既要采取国内措施、做好自己的事，又要精诚合作、共同应对挑战。"

（一）上医医国，其次疾人

"善治病者，必医其受病之处；善救弊者，必塞其起弊之源（原）"，是北宋欧阳修说过的话。

治疗病患，要从病因根源的生发处去治愈；

拯救弊病，要从弊端根本的起源处去解决。

追根溯源，从根本上解决问题，是从中医思维里医人治本的思路，进而扩展为上医医国、针砭时弊的思想。

中医理论的一体观，使中国医学不仅只作用于人体健康，更适用于国家健康。医国与医人，规律是共通的，道理是共享的，这便是中国文化里"上医医国，其次疾人"的概念——最上层的医道是医国，医治国家运行上的问题；下一层的医学才是医人，医治个人身体上的疾患。

所以中国文人有"不为良相，便为良医"的说法，在思想体系和济世情怀上，良相和良医本就异曲同工。"进则救世，退则救民，不能为良相，亦当为良医。"

无论是身患疾痛、治病就医，还是人生症结、问题解决，甚或是社会治理、深化改革，都是同样的道理。

与"治本"原则相对的，就是看似见效快、实则隐患多的"治标"方法。

比如，对于皮肤护养：

只用浓厚妆容涂画靓丽，就是"治标"，芳华刹那表面，更深伤害内里；

而用饮食运动作息调理，就是"治本"，深入养护气血，长久维护健康。

比如，对于幸福感受：

只用物欲填充去标榜幸福，就是"治标"，感官的冲击易逝，精神的空虚难治；

而用内心充实去创造幸福，就是"治本"，人生的饱满丰富，心灵的实在获得。

比如，对于社会治理：

只用人治的呕心沥血去看护，就是"治标"，贤人政治易于一时、难于万世；

而用法治的秩序运行去规范，就是"治本"，修法施教功在当代、利在千秋。

比如，对于依法治国：

只用严苛法令进行硬性管控，就是"治标"，法令总会不完善，漏洞总会有人钻；

而用法治教化进行观念培育，就是"治本"，提升民众法治意识，自觉树立法治精神。

（二）不为良相，便为良医

"治标"之法，也就是俗话常说的"头痛医头，脚痛医脚"，单顾表面现象的暂时压制，也许更是转移了矛盾，也许更是加深的隐疾，也许更是潜伏了危机。就像在一盆厚厚冰坨的表面上泼些热水，貌似是缓解了冰冻、增加了热能，实则是进而加厚了冰层，令冰寒之势更加难以融化。

而"治本"的法则，虽然可能见效缓慢，却是在深入机理、探寻病因、调理整体、改善系统，从本质上扭转弊病、从根源上转危为安。在冰底烧火，完全溶解冰寒，确实需要些耐心，但这就是"治标"与"治本"的不同治理方向。是要一个欢喜的假象，自欺欺人，还是要一个彻底的结局，春暖花开？

《文子》有言："故扬汤止沸，沸乃益甚，知其本者，去火而已。"这就是古代谚语常说的"扬汤止沸，不如釜底抽薪"。而《国语》里面也称："伐木不自其本，必复生；塞水不自其源，必复流；灭祸不自其基，必复乱。"斩断祸根，才不令祸患重发复生；截源断流，才避免毒流汹涌重来。

从根本上设立制度，去治理和规范，才是长治久安之道；冲着表象慌忙下手，去应对和管控，只是暂缓一时之法。

"冰冻三尺，非一日之寒"，选择"治本"比安于"治标"的人更加需要勇气：因为他要面对被众人怀疑的孤立、被时间考验的寂寞，还要面对在水滴石穿折磨信心时，自我心理上的畏惧与动摇。

而被他治愈的疾患对象却是何等幸运，可能已经被长久病症缠绕得不知所措，只想求快求变的人，却幸运地没有遇上一个潦草不负责任又喜好虚假业绩的命运决策者。

一个肯直言、敢担当、有魄力的社会决策者、问题医治者，他宁愿用心良苦地陪"患者"熬过猎猎严寒、走过漫漫长途，只是为了真正让"病患"痊愈，迎来世界的春回，而不是简单用一缕热气来换医治对象一次浅尝暖意的迅速感激，然后再弃置"病患"于寒意更甚时，束手无策地转身离开。

请给治本者一些耐心、一些信心，还有一些理解的空间时间，正如同《诗经》里说"溯洄从之，道阻且长"的那样艰辛，他要去追根溯源地拔除病因，原本就是在"明知山有虎，偏向虎山行"地给自己加重负担。而负重前行，是因为确实值得；追根究底，是因为确实需要；正本清源，是因为确实有用。

"治标"是急速解决当下，"治本"是谋求根本长远。

如果能够将"治标"和"治本"相结合，那就是远近兼顾，那就是缓急从容。

那就是真正的善医者，有当机救急，有长线疗治；

那也是真正的救弊者，有近搏疾行，有远见卓识。

善医人者，问脉患者的远虑近忧。善医国者，把脉天下的长治久安。

传统文化论爱国

爱 国

社会主义核心价值观在个人层面的第一个价值准则是爱国。

爱国，自古至今都是中国社会始终强调的个人品格，更是中华民族标志性的集体精神。

每一个中国人，从小就受到爱国主义教育。但是"爱国"究竟体现在哪些方面，该怎样去做才是爱国，却往往说不清楚。若是具体谈到爱父母、爱朋友，都比较容易理解和践行；而涉及宏大的词汇，比如热爱祖国、热爱人民，就会使人失去清晰的目标感，心中的这份爱，缺少着一个为之负责的具体对象。

每个人都有着拳拳爱国之情，但这一腔热情该用到何处？

其实对祖国的热爱，从有形到无形，可以分成三个层面。

（一）疆土之爱

首先，爱国，体现为对一国疆土的热爱。

国土构成了民族家园，疆域是国家存在的基础，维护领土权益就必然是一国公民爱国的最直接反应。所以在历史上，历代政权都重视边防，历朝志士都为国从戎，历数爱国主义的诗歌，也几乎都在为保卫国土而呐喊。

军事存在的理由，是关系到疆土；疆土之所以重要，是因为关系到国家存亡。因此，每当国家领土安全受到威胁，爱国民众就恨不得奔赴边关、同仇敌忾，这份爱国之情，上至权贵下至黎民，从不设限。就像清代顾炎武说"保天下者，匹夫之贱，与有责焉耳矣"，这句话就是妇孺皆知的那句"天下兴亡，匹夫有责"的原型出处。虽然这句话成型得很晚，但是"以天下为己任"的全民爱国情怀却在很早就形成了——早在两千多年前的《诗经》里，一首《秦风·无衣》就坚定地表达了上下一心、共御外敌的精神，诗里说：

岂曰无衣？与子同袍！王于兴师，修我戈矛。与子同仇！

岂曰无衣？与子同泽！王于兴师，修我矛戟。与子偕作！

岂曰无衣？与子同裳！王于兴师，修我甲兵。与子偕行！

这是先秦时期秦国人民抵抗西戎入侵时的一首战歌。诗歌里豪迈地表示：谁说军备不足？一旦作战有需要，同穿战袍，与君共赴战场、共赴国殇！这首诗，也是"袍泽"这个词的来源出处，喻指军中的兄弟、情谊深厚的战友。

热爱祖国，是从热爱国土开始的，像爱惜身体发肤那样爱惜每一寸山河，像痛惜生命折损那样痛惜每一分沦丧。

正因此，陆游在经历了金兵侵宋的一生临终时，死不瞑目地说"但悲不见九州同"；

正因此，陈天华在中国被列强瓜分的大地上，悲愤地叩问"好个江山忍送人"；

正因此，黄遵宪在清朝与日本签订了丧权辱国的《马关条约》后，悲痛地呼喊"寸寸山河寸寸金"，他还更加迫切地悲鸣"国民知醒宜今醒，莫待土分裂似瓜"！

如果说，爱国就从爱脚下的国土开始，那么，亡国就从丢掉疆域的寸土开始。千里之堤，溃于蚁穴，往往一块砖瓦的丧失，就是大厦倾覆、土崩瓦解的前奏。

因此，爱国之心首先就根植在本土的大地上。寸土必争，因为我们守土有责。

（二）人民之爱

疆土，是维护国家主权的疆域；疆土，是供养国民生存的土地。因此，比土地更重要的，是那土地上的人，是组成一个国家的广大人民。对人民生存的爱护、对民族团结的维护，是爱国的更重要体现。《诗经》中说过"邦畿千里，惟民所止"，一山一地、一城一池，都是人民的居住地。

所以《孟子》里才会斩钉截铁地说："天时不如地利，地利不如人和。"民心之和睦、民力之团结，是远比地缘优势更为重要的保家卫国的因素。而《孙子兵法》里也说："上下同欲者胜。"这里说的"上下同欲"，并不仅是指军队内部的上下一心，更是指全国人民的团结一心、众志成城。能拥有这样的民族力量，才真正拥有了制胜之道。

但是，民族的团结又何其难也！众所周知，中国是一个庞大的多民族国家，在漫长的历史河流中，是我们那些风俗迥异、特征各异的民族先辈，彼此相交着、爱护着一路走来，才最终成就了今天中华民族的大家庭。

在中国历史上，有四次民族大融合、大交汇的时期，分别是：春秋战国时期、魏晋南北朝时期、宋辽金元时期、明清时期。这些历史阶段，也正是各民族因生存迁徙，在对抗的同时又对话，在冲突的同时又学习，在摩擦的同时又贸易，在碰撞的同时又联姻的艰难交融时段，由此才逐渐形成了如今多民族和睦共处、和平共存的局面。这样一份多民族的和谐画面，多么来之不易，这是用中国历史几千年的时间形成的！因此，所有企图破坏民族团结、分裂国家主权的逆历史潮流者，都必将是民族的罪人。

我们的祖国，用几千年血泪交融的疼痛和欣慰，才终于把五十六个儿女组成的大家庭培育成今天的家齐国治。俗话说"兄弟齐心，其利断金"，而反其道的"兄弟阋于墙""祸起萧墙之内"，便是内部瓦解、外敌不攻自破的开始。

在中国古代，因民族冲突而诞生过不少战斗英雄，他们立马横刀、冲锋陷阵、流血牺牲。然而在民族不断融合的大进程背景下，令历史更加感激至今的，是那些为民族交流、为促进交融而做出和平贡献的人物，他们的那些举止平和、化成天下的沟通方法，润物细无声地惠及了各族人民，惠及千年之后的今天。

靠刀剑厮杀都难以解决的纷争，也许靠一条丝绸之路、靠一段茶马古道、靠一次成功联姻，就缓解了血光之灾的态势，就软化了血脉偾张的敌视。

用和平团结民族，比之用武力征服民族，更为英雄。

能让生活在这块国土上的各族人民都幸福安康，这才是一个国家存在的根本目的。所以中国的儒家信奉："有德此有人，有人此有土，有土此有财，有财此有用。"这是出自《大学》的话，儒家文化强调，没有人的存在，何来土的必要？疆域，是为护民而存在的。

又如《荀子》中所说："民齐者强，民不齐者弱。"人民能齐心协力就强大，人民不齐心团结就弱小。所以，对民众的和睦爱护、和平守护，是历代政府的治国之要；而每个国民的爱国之情，也体现为与各民族都友好相处的同胞之情。

所以，爱护同胞手足、守护民族团结，就是爱护国家安定，就是守护家园兴旺。

（三）文化之爱

中华民族，其实有三道"万里长城"，这三重意义上的长城，共同护卫着国家的久存。

第一道长城，是那座实体的、肉眼可见的、由一块块青砖砌成的万里长城，它在中国古代，守护着家国的安全、疆土的完整；

第二道长城，是由中华儿女血肉之躯筑就的万里长城，每当我们国家到了危难时刻，这座长城的力道就会凸显出来，众志成城，民族之魂守卫着家国人民闯过灾难、自强不息；

第三道万里长城，就是由一个个方块字累积而成的、由中国文化构建出的不朽长城，这道文化长城，虽无形却无处不在，虽古老却历久弥新，守护着中华文明从古到今未曾中断。

对照来看，诞生于尼罗河畔的古埃及、诞生于两河流域的古巴比伦、诞生于恒河流域的古印度，都曾拥有过辉煌的古文明，然而却在历史进程里逐渐式微而最终断绝。与之相比，只有起源于黄河流域的中华文明，屹立至今，从未中绝。

中国的文化史，也并非是一帆风顺、太平无事的，相反，在历史上，由少数民族建立起来的中央王朝，每每都极大地冲击了以汉民族为主体的华夏文明。之所以汉人曾异常激烈地反对元朝、反对清朝入主中原，最主要的心理原因，就是恐惧文化的变异；而在其他汉民族王朝新兴建立时，就不会激起民众的极大对抗，因为人们知道，文化道统依然延续。然而，正如前文谈到的民族融合趋势，朝代政权的更迭虽然导致民族文化的冲突，但是在中华文明的成熟、包容、博大、圆融的特性面前，最终彼此吸收和同化。

不同文化碰撞时，新鲜血液的一次次注入，反而使汉民族原有的文化更加鲜活、更具生命力，没有凝固为一潭死水、封闭僵化；而少数民族的政治思想，又在文化角力中逐渐认同、接受、臣服于汉文化。本来是汉民族被少数民族的武力征服，最后却是少数民族被汉民族的文化征服。文化，以春风化雨的韧性，战胜了疾风暴雨的武力。因此，坚守主体思想又吸收异族成分的中国文化，一路坎坷又一路壮大，最终发展为守护着中华民族完整性、独立性和丰富性的文化万里长城。

朝代会变迁、制度会改变、历史会发展、时代会前行，这些外部潮流的动荡都实属常事。但在这潮起潮落中，始终不断流的文化，才是一个民族经久不衰而生生不息的根本保障，也是一个国家独具特色而屹立世界的精魂所在。倘若抛弃了自身的文化，人人都会是亡国之徒。丧失了民族赖以生存的精神家园，才是最为可怕的流离失所。

如果说，古人的爱国观更主要表现为对有形疆土的重视，那么，在当今、在未来、在"地球村"的全球视野下，我们当代的爱国观，更主要是表现在无形层面，表现为爱护国家的民族文化、传统价值和国际影响力。

而我们对本国文化的坚守，又绝不是要一味排外的——中国文化的兼容并蓄，就决定了它能包容中外而又不失自我；同时，对中国文化的坚守，又绝不能是追求复古的——历史不能倒退，这是客观规律，我们今天的文化形态，就体现了时代的选择，不能只求摹古而不谈创新、不能怀念过去而固步自封。

所以我们今天该做的，就是成为一个具有中国传统文化修养的现代公民。立足当代、不忘过去，传承昨天、面向明天，坚持多元文化并存而坚守中国特色——这就是我们每个人在当今的一份"守土有责"，守文化的根基不断、守精神的土壤不灭，用我们个体的文化修养，继续构筑中国文化这道万里长城的绵延不绝。

陆游有一句诗说，"位卑未敢忘忧国"，忧国就是爱国。爱我们的疆土完整，爱我们的民族团结，爱我们的文化精神——这既是公民责任，更是历史担当。守土有责，是守住家国的土，是守住人民的心，更是守住民族的魂。

历史故事讲爱国

爱国的历史故事

　　爱国，就是热爱自己的国家。热爱祖国的领土主权，热爱祖国的民族同胞，热爱祖国的本土文化。爱国是一种全民意识的守土有责，不仅守护有形的家国大地，也要守护无形的精神家园。

　　清代学者顾炎武说："保天下者，匹夫之贱，与有责焉耳矣。"对于中华儿女来讲，爱国精神，早已化为从古到今传承不变的"以天下为己任"的全民爱国情怀。

　　即使只是孤身一人、即使只是沧海一粟，亦是祖国大家庭的一份子，亦是家国利益休戚与共者。正如教育家陶行知所说："国家是大家的，爱国是每个人的本分。"而这个道理，早在两千多年前的春秋时期，一个最为普通不过的平民百姓，就已经深入骨髓地懂得其中意义。

　　在史书《左传》和《吕氏春秋》里面都有记载，诸侯相争的春秋时代，有一次，秦国趁着晋国国丧、无暇他顾之时，计划挥师东进、偷袭郑国。当秦师杀气腾腾地急速行军到了与郑国、晋国临近的一个小国滑国时，一位名叫弦高的郑国商人，他本是个贩牛人，正准备前往周地去卖牛，路过滑国遇见了远道而来磨刀霍霍的秦师。

弦高立刻警觉，预知到自己邦国必将有难，郑国已是大难临头却还一无所知。心急火燎的他，立刻支使同伴赶回郑国报告军情。但是他又担忧此时回国报信也是为时已晚，郑国根本来不及抵御秦军的虎狼之师。弦高心忧故土，绝不肯置身事外地自顾自去继续行商，于是他便冒险行使一计。

弦高假扮成郑国使臣，带着他原本要贩卖的牛，前去拜见秦军主帅，有礼有节地说道：我们郑国国君知道秦军到来，敝国没什么可以为您准备的，就特别犒劳将士们十二头牛，免得军中粮食匮乏。

秦军将领们一听，惊惧不已。他们等弦高走后，紧急磋商，认为郑国居然能派使臣前来送礼，说明举国上下对于秦来袭早有准备，郑国此时自然是对两军交战胸有成竹。秦国本来是预计能偷袭郑国成功才火速来攻，如今既然已经失去了偷袭得手的优势条件，那这仗也没必要再打了，继续进攻必然会得不偿失。商议之下，秦军便决定撤兵回国，而在他们回国途中，彪悍的秦军还一举消灭了滑国。由此可见，郑国曾遭遇到何等严重的祸患威胁。

弦高以一介平民百姓的英勇救国之举，挽救了祖国的覆灭之险，改写了历史的可能性进程，这便是"天下兴亡，匹夫有责"的爱国本能，这便是"位卑未敢忘忧国"的爱国壮举！

弦高本也可以选择袖手旁观不介入其中，只顾好自己的生意即可，但他却在没有任何人要求的情况下，自损财物，以身犯险，只凭爱国热肠去力挽狂澜。这真如晚清名臣林则徐所说："苟利国家生死以，岂因祸福避趋之！"

爱国的民族精神，就是不论身份尊卑、不计力量大小，都上下同心、众志成城，为家国大义而投入小我。就像司马迁说的，"常思奋不顾身，而殉国家之急"，又像曹植写的，"捐躯赴国难，视死忽如归"！爱国，是精神风骨，更是民族气节。

爱国的理想情怀，就是关心家国所需、关注祖国兴衰，能为国为民、尽己之力，能报效时代、有所作为。正如周恩来在学生时代就立志说，"为中华之崛起而读书"，又如他后来历经了战乱与革命的艰苦征程再一次说，"我们爱我们的民族，这是我们自信心的泉源"。爱国，是回馈故土，是回报社会。

爱国的恒久价值，就是守护精神家园、担当历史责任，能传承古今、屹立世界，能团结民众、爱护同胞。犹记《荀子》讲"民齐者强，民不齐者弱"，又如《孙子兵法》讲"上下同欲者胜"，更如俗话所讲"兄弟齐心，其利断金"。爱国，是承古开今，是自信中国。

学习经典说爱国

灭人之国，必先去其史

习近平总书记对于历史非常重视。2013年1月5日，他在新进中央委员会的委员、候补委员学习贯彻党的十八大精神研讨班上发表讲话，指出重大政治问题处理不好，就会产生严重政治后果。正如古人云："灭人之国，必先去其史。"

2014年10月13日中共中央政治局第十八次集体学习时，习近平总书记强调，牢记历史经验、历史教训、历史警示，为国家治理能力现代化提供有益借鉴。对绵延五千多年的中华文明，我们应该多一份尊重，多一份思考。

热爱和尊重本国的历史，学习和传承民族的历史，就是爱国的重要具体行为，就是爱国的思想文化渊源。

中华民族，历来就是高度重视历史的民族，这是我们一种非常重要的文化传统。清代龚自珍《古史钩沉论》里说："欲知大道，必先为史。灭人之国，必先去其史。"了解历史，就了解了世间大道；把握史学，才把握住社会规律。而要一个民族灭亡，首要方法是让它的史观消亡——也就是，践踏民族历史、解构民族文化、涤荡民族自信、破坏民族认同。

那么，为什么在中国人的自有文化意识中，对历史是如此看重呢？

（一）文化架构的意义

历史，在中国文化里具有架构的意义。

中国传统文化，按照学问体系上的划分，可分为"经史子集"四大部类，一说起"经史子集"，就在学术意义上涵盖了中国文化的全部内容。

经，专指儒家文化。这是因为，自汉武帝时期以来，儒家文化超越诸子百家、成了中国古代社会中的主流意识形态。此后的历朝历代，儒家思想都被看作是社会发展中的纲常伦理、被认为是思想文化界的中流砥柱，所以儒学被尊为"经"——经，本意为古时织布过程中恒定不动的、纵向的"经线"（如同现在地球上的经线）；"经"的引申意思便是标准、是恒常；能被归为"经"的内容，就是确立标准的思想、就是恒常不变的理论。儒家典籍，便叫作"经典"，儒家学说，便成为"经学"。

史，便是史书，中国历史上的"正史"，从汉代的《史记》开始，到最后一个封建王朝的史书《清史稿》，总称为"二十六史"。

因为经部的儒学，是指导社会发展的总思想，是一种抽象的学术理论。于是史部中的记述，便成了印证儒学思想的史实，是一种具体的故事演绎。"经"与"史"相互论证、互为佐证，阐述着兴衰成败的经验得失，总结着社会发展的恒常规律，彰显着儒家理论在历史沧桑中的重要作用。

所以，中国的史学特点是写"史"也是论"经"，说"事"也是说"理"。因而我们能够看到，《史记》里写有"太史公曰"，《资治通鉴》里写有"臣光曰"，这都是史书的作者在讲述完毕史实之后又在论述其中的得失道理。而史学家在论理层面所依据的思想理论，就是儒家文化。因此我们也能够发现，很多史学家，本身就是儒学家，譬如这《史记》里的"太史公"司马迁，这《资治通鉴》里的"臣光"司马光。

史部，就是以历史真实的演绎，印证历朝历代运用儒家思想治国的正确与否。经，是用理论说话；史，是用事实证明。

子部，就是人们常说的"诸子百家"。在先秦时代，百家争鸣、百花齐放；在后来的两千年里，儒家为纲、定于一尊。但是，诸子百家思想并未因为儒家的独大就从此寂于无声，它们都成了儒家文化的必要补充。因为，如果一个社会只有一种思想，就会渐入僵化、沦为僵死，而百家之长与儒家之尊共同盛放于中国文化的百花园中，才使得中国文化生生不息、鲜活有力。比如，有儒家的入世，就有道家的出世；有儒家的仁爱，就有墨家的兼爱；有儒家的德治，就有法家的法治……因此，子部，对于中国文化的重要性，不在于"百家争鸣"怎样争，而在于"百家争鸣"可以鸣。各家共同的发声、各派不同的音效，汇聚成了中国文化这一曲八音克谐的民族大合唱。

集部，泛指一切文化艺术，包括诗词文赋、戏曲小说等。

综合来看，如果我们将国学比喻为一座蔚为大观的文化大厦，那么：

经，是这座大厦的钢筋结构，有了儒家经典，就立起了中国主流思想；

史，是大厦的水泥浇筑，水泥的盎然填充配合钢筋的巍然挺立，就构筑起了中国文化的主要形象和历史面貌；

然而钢筋水泥虽然建起了一座庞然大楼，却也使得这座楼宇密不透风、缺乏生机，所以，子部的百家思想，就如同是为这座大厦开启了一扇扇的门窗，有了门窗的参与，才使得空气流通、阳光健康；

集部，像是大厦里一切装潢与内饰，丰富多样，精彩纷呈。

我们学习中国文化的时候，也常常像是初次走进一座大厦的人，最先喜欢的，可能都是建筑里多姿多彩的内饰，是爱上了这儿的一张画、那儿的一幅字，是迷上了这一只青花瓷瓶、那一把红木圈椅……就如同我们对国学感兴趣，往往是从喜爱集部里的内容开始的，是最先着迷了唐诗宋词，是最初邂逅了京剧昆曲……但是，要想深入地了解国学，要想根本性掌握中国文化，就必须去解读这座文化大厦的整体解构、内里层次，必须从对集部的热爱，发展为对经、史、子各部分的研读。

是"经史子集"四个部分，全面支撑起了中国文化这座恢弘的殿堂。

因此，历史，是了解中国文化的必要结构，是继承中国智慧的重要内容。

（二）经验借鉴的意义

历史，在中国社会中具有借鉴的意义。

中国人历来重史，并非因为中国人对未来缺乏想象，才总是咀嚼过去；也并非因为中国人只对老的东西情有独钟，才爱听老故事爱收藏老物件，并非这么单薄的原因。

中国人重史，是因为通过写史、论史、读史，通过总结了大量兴亡规律和众多得失经验之后，中国人发现，人生代代皆相似——在不同的时代，演绎着相同的道理；在常变的历史天空，上演着不变的人情故事。正如同唐代张若虚《春江花月夜》的诗句所说"人生代代无穷已，江月年年只相似"，代代人不同，事事总相似。

这样一来，历史的警醒就显得格外意味深长。唐太宗认为"以史为鉴，可以知兴替"，读"前车之鉴"是为了走"明日之路"。

看史，不只在观看别人的旧时旧景，而是在思索自己的今夕明夕；

学史，不是在学"前事不忘"的老掉牙故事，而是在学"后事之师"的规律性智慧。

历史，不是陈腐的昨日之舟，而是当明日浪头来袭时，我们能否站在前人的肩膀上，去驾驭好自己那一艘驶向未来的命运之船。

这就是汉代董仲舒《春秋繁露》中提及"不知来，视诸往"的道理。

我们不知道未来该怎样前进，那就看过去是怎样走来；一路走来的历史经验，可以指导将来的未知征程。

（三）民族传承的意义

历史，在中华民族里具有传承的意义。

是历史，孕育出了一个民族源远流长的精魂所在；

是历史，谱写出了一个社会集体认同的价值观念；

是家国历史，息息相关着属于一个大家庭全体背负的骄傲与厚重；

是民族历史，滚滚奔腾着属于家族中每一个人的血脉传承与文化基因。

正如习近平总书记多次提及的，"忘记历史就意味着背叛"。

不念过去，必然会茫然于现在，迷失于未来；

背叛昨天，必然会失守了今天，丢弃了明天。

忘记了历史中的血泪荣耀，就会背叛肩上的责任使命；

忘记了历史中的经验智慧，就会背叛自有的文明意识；

忘记了历史中的传统价值，就会背叛民族的精神家园。

而这，才是最为可怕的流离失所，才是真正沦为了亡国之徒。抛弃了赖以生存的历史土壤，民族的文化大厦将轰然倒塌，一国精神于世界潮流中再无立足之地。

守护好历史的沃土，才是种植今日之粮的基础，更是生发明日之花的根基。

历史当然不会全然重复旧路，但是未来必然承接历史的轨道而继续出发。我们可以继续建更好的新轨、开更快的新车，但我们不能脱轨而踉跄在危险的荒原。

承接过去，面向未来；立足当代，纵览古今。中华民族的大家庭，是乘坐在一辆史车上同来，还将驰骋于车同轨、心同德的未来。

爱历史，就是爱文化基因中的世代传承；重历史，就是重民族精神生发的沃土家园。爱国，从爱重我们的历史开始，开创不忘过去、再创辉煌的民族未来。

传统文化论敬业

敬　业

社会主义核心价值观在个人层面的第二个价值准则，是敬业。

（一）敬业之心

敬业与否，在孔子看来，是关系到一个人是否可教的重要因素。孔子说："饱食终日，无所用心，难矣哉！"如果一个人满足于衣食无忧的游手好闲、不思进取，那便是最难医治的懒惰、最难教化的习性、最难改善的人生。而"敬业"确实也并不容易，因为"敬业"往往意味着吃苦的决心、刻苦的努力、艰苦的付出，以及不苦尽不轻易甘来的过程，所以韩愈说"业精于勤，荒于嬉"，事业的精诚来自勤奋认真，而荒废源自嬉闹草率。

那什么是"敬"？朱熹解释说："敬者，主一无适之谓。"主一，就是专注于一事、专心致志；无适，就是无杂念、不分心、心无旁骛。这也如《庄子》说"用志不分，乃凝于神"，运用心思，专一而不分散。又如《中庸》说"君子素其位而行，不愿乎其外"，君子在其位而谋其政，专心做好所在位置的事，不好高骛远随便逾越本分。敬业，就是能将自己专注投入本职工作中，而不是心浮气躁、这山望着那山高，这也是对当下事务，更是对自我的一份敬重。

所以朱熹又说："敬者何？不怠慢、不放荡之谓也。"对工作抱有认真的态度、尊重的态度，那就是敬业的态度。成绩高低是能力问题，敬业与否是态度问题。个人对工作持有怎样的态度，终将从工作和他人之处领回同样的态度。如果不能给工作以专注投入的心态，工作就无法给人以根深叶绿的回报。因此朱熹才说："敬字工夫，乃是圣门第一义。"

"敬"心既生，还要探讨什么是"业"。大部分成年人都会拥有工作，对工作的诉求，一方面，是出于养家糊口、为稻粱谋的经济现实需求。另一方面，则是一个人成长于社会、受益于社会，最终回馈于社会、贡献于社会的高尚劳动意义——如果能认同这层意义，认识到自己的工作并不仅仅是敷衍应付、不得不为的"职业"，更是能实现自我又有益他人的"事业"，能够超越了将工作看作是谋生必要，更将工作视为是事业理想和人生意义，实现从"职业"到"事业"的转化和提升，那么，必将会自觉主动地敬业。

同样是对待工作，对职业，是仅限于专职性的谋生手段，对事业，是怀揣理想的目标实现；作为职场人员，也许只是机械化地完成任务，作为事业舵手，却能积极性高涨地全心投入。对于职业与事业的不同心态，看似在操作着相似的日常劳动，前方却树立有不同的奋斗目标。而正是远方目标的不同，才激发出当下热情的大不同——这种对工作心生热爱、心怀尊重的态度，就是敬业精神最为理想的状态。

（二）敬业之态

也有些人，虽然从事着一份自己并不热爱、并不认同为终身事业的工作，但是依然会以职业化的操守去要求自我，依然会恪尽职守、不允许消极怠工，这当然是一种令人赞赏的敬业精神。然而这个层面上的敬业，是不得已而为之的，虽也可能取得良好结果，但在工作过程中，却无法调动自己的全面热情，无法开发人的深层潜能。所以孔子早就说过"知之者不如好之者，好之者不如乐之者"，面对事物，了解不如喜爱，喜爱不如以此为乐。

如果能够以工作为乐趣，工作的压力也就成了挑战，工作的艰难也就成了收获，工作的失败也就成了财富，工作的疲惫也就成了以苦为乐，工作的成果多少、进程快慢，也都成了乐在其中的享受过程。怀揣着这样的心态度过一生，将比机械化地完成一生不知要快乐多少倍！以这样的激情面对事业，又比敷衍潦草地应对职业不知要创收多少倍！

人若能秉持"事业"之心而敬其职，那么，对工作的用心会成为每时每处都不荒废的念兹在兹：上班下班都不放弃对事业的思考，醒着梦着都不停止对事业的用心，做任何事情都能与事业的推动、助益相联系。这种敬业状态，就好像《说苑》中记载楚庄王"因猎求士"的故事：

楚庄王好猎，大夫谏曰："晋楚敌国也，楚不谋晋，晋必谋楚。今王无乃耽于乐乎？"王曰："吾猎，将以求士也。其榛丛刺虎豹者，吾是以知其勇也，其攫犀搏兕者，吾是以知其劲有力也。罢田而分所得，吾是以知其仁也；因是道也，而得三士焉，楚国以安。"故曰：苟有志，则非无事者。此之谓也！

楚庄王喜欢打猎，大夫们都劝谏他说，您怎能不认真考虑敌国晋国随时进攻的危险，而去打猎游玩耽误国事呢？楚庄王却坦然回答道：打猎过程中，我是在寻求勇敢的猛士、寻找强劲的力士、寻查慈爱的仁士，只要获得了这三种能士，楚国就可以高枕无忧不怕晋国了。随后他总结道："苟有志，则非无事者！"如果对事业立志在心，那就没有什么事是没用的事！

这就是事事皆有用，但求有心人。只有把工作当作虔诚的事业，才能将人生日常点滴都最大程度地形成合力。像楚庄王这样的事业心，就是一种极度的敬业心，是如同朱熹所说的"无事时，敬在里面；有事时，敬在事上；有事无事，吾之敬未尝间断"。

在我们相对固定的人生长度里，每个人能体验到的人生高度和深度却是充满弹性的，是热情地开发自己、贡献世间，还是随意地对付自己、人浮于事，这与我们能否真心敬业、能否将手中职业转化为成就自我的事业息息相关。

如果我们能够做到以喜之、爱之的心情期待日出而作，以敬之、乐之的心态完成日落而归，那么，我们就沉浸在了每一天都不白白付出、不虚度年华的日子里。只要是去尽力而为了，只要是在敬业乐群了，就是拥有了乐在其中的一生。就如孔子自述平生说："其为人也，发愤忘食，乐以忘忧，不知老之将至云尔。"孔子把学习传道和克己复礼当作自己毕生的事业，所以老来回味的时候，纵然这一生有着颠沛流离累累若丧家之犬的狼狈，有着政坛失意不得不远走他乡寻道远方的艰难，但是仍然感觉自己度过了陶然忘机、充实快乐的一生，那是连岁月忽已晚、人生忽已老都没有感觉到的欣然一生。孔子不知老之将至，是因为日日夜夜对事业的投入和热爱，让他悠然忽略了年华的劳损、人生的劳苦。

这就是敬业的人生状态。如果我们能将自己所从之业，崇敬为毕生大事，而非仅是职位差事，能把职业转化为事业，那么，人对于事业的这份敬意，将促使事业礼敬给我们更多回报。

（三）敬业之功

敬业，可以形成三个层面的功效。

第一个层面，是实现了每个人自我层面的圆满。

有时候人在职场中，之所以会感到枯燥而乏味，打不起精神积极工作，之所以会感到迷茫而困惑，找不到方向努力前进，之所以会浮躁而思变，无法专心致志脚踏实地，之所以会不满而挑剔，斤斤计较升降得失，大多是因为我们仅把工作视为应付一时的、维持生计的度日浮舟，而不是把它视作为理想扬帆启航的命运船舰。

但是中国文化并不赞同，把自己一生的才能就这样潦草打发。孔子说"君子谋道不谋食"，人生发展的大道，才是君子该去认真筹谋的。君子为事，是因为这份事业富有意义，而非因这件工作能简单糊口。君子谋道，是找寻到值得自己为之奋斗一生的事业方向。在这条通往理想目标的道路上，一时的低落与穷困都不重要，重要的是，没错位在一条自己不认可、不敬重的歧路上，没耽搁在一个自己不热爱、不适合的行业中，没迷失在一种根本不可靠、不正确的诱惑里。如果"道"不对路，那么，越行远，越背离自己的初衷，越妥协，越荒废自己的人生。

所以，孔子还说"君子忧道不忧贫"，他告慰着那些困顿于贫寒中，犹豫着是否该坚守目标的人：只要道路正确、坚定前行，那么一切收获都将会顺其自然地随之而来，这就是"得其大者可以兼其小"，当下的一时窘迫，正是君子轻装上路而走向辉煌的重要起点。

所以，屈原也说"路漫漫其修远兮，吾将上下而求索"，他安慰着那些挣扎于困境中、彷徨着是否该坚持原则的人：当君子志向远大、目标明确的时候，一定要用拒绝捷径的脚步，去一步一步丈量理想的距离，这就是"风物长宜放眼量"，这是人对心中事业的崇敬和求索，也是事业对值得之人的考察和求索。

这种心态，也如同《钢铁是怎样炼成的》中保尔·柯察金那段著名的心事独白，他说："人最宝贵的是生命，生命每人只有一次，人的一生应当这样度过：当他回忆往事的时候，不因虚度年华而悔恨，不因碌碌无为而羞愧。"在生命尽头回望此生，倘若发现自己每天早出晚归、相伴一生的工作，居然都从未认真投入过、从未敬重付出过，那是否证明，我们有大半的人生都是在荒废而过、空虚而度的呢？

也许我们每个人都只是从事着一份最平常的工作，但依然可以在这份平淡里成就不平凡的自我。不一定非要功成名就，不一定非要出类拔萃，但只要尊敬着自己在这份工作中每一天的岗位，认真着自己在这个世界上每一日的经过，我们就已经在工作态度的实干中，完成了一个最充实的自己。

敬业之功第二个层面，是能通过个人影响力，实现对这份事业本身的促进。

很多不努力工作的人，都抱怨是所在的行业不够热、职位不够高、岗位不够理想、事务不够档次，才致使自己能力无法施展、才情无法发挥。但是，怨天尤人恰恰是敬业的天敌，迁怒于人也恰恰是成功的障碍。事业与个人之间的关系，孔子早就看得清清楚楚，他说："人能弘道，非道弘人。"是人的作用，扩升了"道"的力量，而非仅依赖于"道"的力度，去扩大个人。具体到工作中，是人的才干，提升了事业的影响力，而非以事业高低做借口，去为个人表现开脱。

个人的敬业，不仅能够成就自我，更能够提升整体事业的格调。比如，正是有了齐太史、晋太史及太史令司马迁他们冒死秉笔、据事直书的史官精神，才成就了中国史学家的职业风骨；正是有了"茶圣"陆羽的不懈努力，才成就了中国的茶学专业，使"茶叶"饮品上升为"茶业"文化；正是有了徐霞客踏遍大江南北的艰苦行迹，才提升了中国古代的旅行事业和地理考察事业，甚至还因《徐霞客游记》的重要影响，形成了当代的"中国旅游日"。其实，像护士节、教师节、记者节等行业性节日，都是因为职业人在其中起到巨大推动作用，促成了事业的伟大，引发了整体社会对某一行业的崇敬。

所以，当我们总在追问事业能带给自己什么的时候，是否也该问问自己，能带给这份事业什么？如果某一个行业，因为有我们的加入而更加不凡，如果某一项事业，因为有我们的从事而更加高尚——那我们就完成了"人能弘道"的使命。

《尚书》里说"功崇惟志，业广惟勤"，事业的崇高，唯有靠志向来提升，事业能宏大，唯有靠勤勉来实现。因此敬业的更高层次就是：事业不仅能作用于人、成就个人，人更能反过来作用于事业、成就事业。点滴汗水汇聚江海，所有的敬业，都必对事业有所促进。

敬业之功的第三个层面，是通过自身事业，形成对社会、对时代甚至对整个人类历史都有所进益的正面影响。那些被历史长记于心的重要人物，之所以被人们称作是圣贤、是伟人，就是因为他们具备这样的功勋，他们因曾经的刹那存在，而长久照亮了人类智慧的天空。

比如朱熹评价孔子是"天不生仲尼，万古如长夜"，在他看来，孔子的思想，启迪了后世的智慧、照耀了万古长空。这虽然是一家之言，但也体现了孔子对后世的强大推动力。

然而这还仅仅是他人对于敬业者，从结果出发的热忱评价；其实作为敬业者本人，在事业行进过程中，就可以对人世千古抱有崇高理想和热切情怀。比如北宋的儒学家张载，他为自己提出的使命要求是："为天地立心，为生民立命，为往圣继绝学，为万世开太平。"他是要通过自己的学问研究，通过这份文以化人的力量，为社会确立经天纬地的价值理念，为民众构建安身立命的精神家园，发扬光大古圣先贤的经典智慧，承前启后文明昌盛的清平世界。如张载这样的心态和志向，是人对事业的崇高礼敬，也是事业给社会的高贵礼物，必将赢得社会对从业者的高度礼遇。

除了社会工作之外，每个人在生活中，还会承载很多人生的天职，比如，肩负着在家庭中属于父母辈的角色、子女辈的角色，承担着在社会中作为老者或幼者、男人或女人的天职……那么，在这种不可回避的人生天职里，忠于本职，就是做好自己每一种角色的转换。敬人生之业，就是能兼顾好家庭内外的职务，能尽到自己身份不同的职责。所以，"敬业"的更广泛表现，就是做到《汉书》里说的"各安其居而乐其业"。

总之，国学里的敬业：首先要求一份目标明确的专注心；而后希望将机械的职业转化为热爱的事业；此后，便能在旁人看着苦、自己感觉乐的道路上"衣带渐宽终不悔"；最终，这份"精诚所至"将收获"金石为开"的巨大欣慰。而在那"点石成金"日，敬业的人，将完成自我的理想实现，将达成事业的更上层楼，甚至，将促成社会的有益提升，将形成时代的青史留名，将落成历史的永志不忘。

历史故事讲敬业

敬业的历史故事

敬业，就是热爱自己的事业、敬重自己的职业，忠于职守，尽职尽责。

中国传统文化所讲的敬业，是《礼记》里说的"敬业乐群"，也是《汉书》里说的"各安其居而乐其业"。可见，敬业的精神，来自对本职工作的崇敬和认真，体现为对就职事业的热衷和喜爱，进而在从业的过程中，既能够专心尽力，又能够乐在其中。

任何职业都有其行业要求，敬业，就是能通过自己的本职劳动、坚守行业准则、发扬行业精神、创造行业价值、弘扬行业口碑。

比如，神农尝百草，弘扬了医者仁心的责任感，树立了医药行业的精神标杆；大禹治水，体现了水利工程的重要性，令洪涝灾害防治行业为之荣耀；孔子教学，将"学在官府"扩展到"学在民间"，推动教育行业的进步；陆羽论茶，由此开创茶业之始……敬业，就是在工作中严守行业准则、完成行业要求、享受工作乐趣，甚至，还能够推动行业进步。

在敬业的信条下，史官的工作要求就尤显艰难而严苛。记录历史、编纂史书，要求真实可信、客观公正、秉笔直书、刚直不阿。就如唐代史官刘知幾在《史通》中所言："夫所谓直笔者，不掩恶，不虚美，书之有益于褒贬，不书无损于劝诫。"可以说，直书其事、记录真相，既不能文过饰非，也不能夸张溢美，书写真实事件而以史为鉴、警示后人，这就是史学的行业要求。

然而为了遵守和维护这一行业信条，历代史官常会付出鲜血的代价，至少也要遭受良心的拷问。古有齐国太史兄弟四人前赴后继地冒死直笔，亦有晋国史官将生死置之度外的"董狐直笔"，后有陈寿修史《三国志》的无私实录。

陈寿在晋灭东吴、最终完成江山一统后，撰写三国分立时期的历史，为这段惊心动魄的硝烟年代做记录，这就是他秉持严谨态度所著的《魏书》《蜀书》《吴书》，及至宋代，三书合为一书，就是现在鼎鼎大名的《三国志》。

相传，陈寿当年，在撰写史料最少的蜀国历史时，正准备为诸葛亮专门作传。这时，亲戚来访，看到了他书案上的手稿，立感愤愤不平，就特意提点了他一件往事：

陈寿出生于蜀国，也曾在蜀国为官，而他的父亲，更曾在大将马谡手下任职。然而诸葛亮毅然决然"挥泪斩马谡"之后，陈寿的父亲也受到了牵连，承担着罪名和惩罚。陈父经此打击，极为消沉，不久之后郁郁而终，而陈寿本人及其家人，也从此受到排挤。所以这一切家族命运惨遭变数的源头，罪魁祸首都该归咎于诸葛亮。是诸葛亮的罪责裁决，才颠覆了陈家人的后来遭遇！

——陈家亲戚之所以向陈寿讲述这些，就是为了让他铭记一家的耻辱和仇怨，切勿为诸葛亮作传立碑、佳言以赞，甚至，更该借此"风水轮流转"的机会，运用自己作书立传所掌控的历史话语权，对诸葛亮大肆批判，令其遗臭万年，报复昔日仇人。

陈寿听过之后，也想起了父亲遭受的苦痛、自己历经的苦难，内心难安。但是，他清醒地知道，诸葛亮当初是秉公执法，自己此刻不能以私人偏颇而歪曲事实、歪曲人物，不能因代入自己的感情基调，而偏颇了史笔、惑乱了史实。

史学之所以重要和严肃，就是因为它必须秉持客观的态度、保持真实的记录，以最大可能性将历史还原，提供给后世以学习和借鉴。这就是史学贡献给世间"前事不忘，后事之师""以史为鉴，可以知兴替"的伟大意义。

所以，陈寿依旧中正无私、不偏不倚、笔墨翔实地作了一篇《诸葛亮传》，并且还在总结里高度评价诸葛亮"可谓识治之良才，管、萧之亚匹矣"，说他是深谙治国理政的栋梁之才，是堪比历史名相管仲、萧何的杰出人物。而他最后也惋惜诸葛亮的弱点："然连年动众，未能成功，盖应变将略，非其所长欤！"说他连年征战、劳师动众又未能取胜，大约他并非擅长做大将，缺乏战事机变能力。陈寿这样褒贬不讳的品评，还是十分公允的。

正因陈寿对他的史官工作恪守着严谨求实的敬业精神，所以《三国志》取得了极高的学术地位，而他本人，也被评为"有良史之才"，是史家的楷模。

敬业，正如诸葛亮所写，是"鞠躬尽瘁，死而后已"的尽职尽责，投入工作，忠于职守。

敬业，也如儒家所言，是"敬事而信""敬业乐群"的不亦乐乎，爱岗乐业，由衷热爱。

敬业，就是认真做好本职的工作，踏实享受付出和收获，谨守行业精神，不负行业口碑，更不负自己的劳动时光，在劳动里实现自己的人生价值。

学习经典说敬业

鞠躬尽瘁，死而后已

2013年3月1日，习近平总书记在中共中央党校建校80周年庆祝大会暨2013年春季学期开学典礼上发表重要讲话，其中引用到了一系列古语，他说："中国传统文化博大精深，学习和掌握其中的各种思想精华，对树立正确的世界观、人生观、价值观很有益处。古人所说的'先天下之忧而忧，后天下之乐而乐'的政治抱负，'位卑未敢忘忧国'、'苟利国家生死以，岂因祸福避趋之'的报国情怀，'富贵不能淫，贫贱不能移，威武不能屈'的浩然正气，'人生自古谁无死，留取丹心照汗青'、'鞠躬尽瘁，死而后已'的献身精神等，都体现了中华民族的优秀传统文化和民族精神，我们都应该继承和发扬。"

（一）敬业的理想化

"鞠躬尽瘁，死而后已"，几乎是中华民族描述敬业精神的最高境界，它出自三国时期诸葛亮的《后出师表》，在文中，诸葛亮向蜀汉后主刘禅表述："臣鞠躬尽瘁，死而后已。至于成败利钝，非臣之明所能逆睹也。"

诸葛亮尽心尽力协助刘备建立蜀汉政权，在刘备去世后又呕心沥血辅佐其子刘禅，直至生命的最后一刻。他于政治、军事、文学、技术发明等方面均有重要建树，在文化流传过程中，诸葛亮被人们标榜为智谋出众与忠诚敬业的历史表率。

所以"鞠躬尽瘁，死而后已"的状态，就是一种敬业精神的极致体现。"鞠躬"，是恭敬谨慎，"尽瘁"，是竭尽心力，"已"，是停止。为一项事业兢兢业业，为一种理想夙夜在公，为一份信念投入一生。

在历史上，以"鞠躬尽瘁，死而后已"状态而敬业一生的人物有很多。许多王朝里的股肱之臣，都是为国为民至死方休的人，他们奉行着"先天下之忧而忧，后天下之乐而乐"的理念，"居庙堂之高则忧其民，处江湖之远则忧其君"，把毕生心血和才华都奉献给天下。而帝王肩负家国兴衰，亦不乏勤勉终生者，比如清代的雍正皇帝，他的自我要求就是"以勤先天下"，不巡幸，不游猎，终朝理政，在位十三年，未出京城一步，朝乾夕惕，坚持勤政。

在当代社会，"鞠躬尽瘁，死而后已"的榜样更是不少见。比如，焦裕禄在河南省兰考县担任县委书记时，强忍肝癌病痛艰苦奋斗，被誉为"人民的好公仆""共和国的脊梁"，将工作热情奉献到了生命的最后。再如，曾任阿里地委书记的孔繁森把职业生涯贡献在西藏阿里地区，远离家乡，建设雪域，最后殉职于青藏高原的蓝天苍茫下。这样的人生，正如他所写的一句自勉之语所说："青山处处埋忠骨，一腔热血洒高原。"

（二）敬业的生活化

历史王朝里的千古人物，以及当代社会中的英雄模范，他们将敬业精神发扬到了"鞠躬尽瘁，死而后已"的程度，当然可敬可佩。然而对于日常生活，对于普通民众来讲，我们大都很难做一个英雄，我们可能也不想做一个伟人，那么，"鞠躬尽瘁，死而后已"的精神是否就与我们完全不相干？

当然不是，敬业的精神与每一位工作者都息息相关。因为"敬业"这个概念的客观要求里，并不强求每一个人必须殚精竭虑，必须报效终身。如果一个人在主观感情上、在本心意愿里，能够真诚爱其岗、热忱敬其业，那么，"鞠躬尽瘁，死而后已"就不是一种听起来显得沉重的标准，而会成为人对于工作自然而然的发心。

能自然而然为工作尽心尽力、自觉自愿，就是一个人在对待工作时，已经把"职业"的为稻粱谋、谋生饭碗，上升为"事业"的理想认同、奋斗终生，已经由被"职业"准则约束自己，转化为用"事业"理想奋发自我。从而，就能把人生点滴过程都集合为最大程度的合力，贡献给工作目标——醒着梦着，都为之牵挂筹谋；八小时以内、八小时以外，都为之努力奋斗。只有把工作视为虔诚的事业，才能把别人看来是高难度的敬业状态，化作自己理所当然的人生常态。

这样就不仅是自然而然地奋勉，更可以是乐在其中地勤奋。人之所以会形成坚定而忠诚的事业理想，是因为对之怀有充分的热爱与认同；既然是充分热爱和认同着某项事业，自然就能乐意为之投入，真正以此为乐。这样的"爱岗敬业"，就绝不再是工作手册上一句苍白无力的员工准则，而成了工作者发自内心的热度与激情。

这就是孔子说的"知之者不如好之者，好之者不如乐之者"，乐趣是最大的推动力；也是孔子说的"其为人也，发愤忘食，乐以忘忧，不知老之将至云尔"，乐趣能让人超越过程中的忧苦；还是孔子形容颜回的"一箪食，一瓢饮，在陋巷，人不堪其忧，回也不改其乐"，以及"饭疏食饮水，曲肱而枕之，乐亦在其中矣"，乐趣能让人身定心安、不惧眼前得失，能让人"忧道不忧贫""谋道不谋食"。

所以，"鞠躬尽瘁，死而后已"的境界，距离我们每个人都并不遥远。如果我们能热爱自己的工作，就能乐在其中地坚持，就能自觉终身地投入，就能在平凡的岗位上成就着不凡的自我，就能在有限的职位中焕发出无限的力量。

这样看来：

"鞠躬尽瘁"，不是一种望而生畏的负担，而可以是一种自然而然的奋斗引力；

"死而后已"，不是一种令人生惧的沉重，而可以是一种投入其中的自觉乐趣。

敬业，不仅是至高的工作要求，也是朴实的人生美德。那是对社会工作的完成质量和发展情况负责，更是对自己的生命是潦草还是认真、是乐趣还是苍白负责。

传统文化论诚信

诚　信

社会主义核心价值观在个人层面的第三个价值准则，是诚信。

诚于中、信于外，"诚信"这个词，要分为"诚"与"信"两个方面来看。

（一）国无信不威

信，就是信守约定，是"诚信"最直观的行为表现和检验标准。所谓"言必信，行必果"，说话一定信守、做事一定办到，讲究信用、受人信任，这是诚信的外化体现。

"信"之一字，虽然千金一诺最为贵重，然而空口无凭又最为虚泛，观其行径还要等待漫漫时间的印证，所以，"信"在外化体现方面，就形成了一种加固信任的仪式。仪式也并不复杂，加盖印章，就是一种仪式化的凭信。对于国家来讲，国之玉玺，郑重一落，就印盖出了一国信誉；对于个人来讲，名章为凭，红印一盖，就传递出了本人信誉。

理想化的"信"，包括三个维度：主体信诺，客体信任，还有连接那有形的主体与客体的无形的信誉。自己先能有诺必信，而后才能建立信誉，最后赢得旁人信任。

　　"信"对于国家、对于个人都极为重要，《左传》中就说，"信，国之宝也"，信用是国家的重宝。信誉建立，往往比城池建造、比经济建设更难，而建立之后的维持亦难，信诺百事可能才筑造起一道信任的墙围，但毁诺一事就可全盘颠覆信任的根基。国之信，建之无形、毁之无影，易毁难建、去即无存。

　　这个道理，两千六百年前的晋文公重耳便深深懂得。重耳做公子时，曾一度流亡楚国，他为了感谢楚成王的款待，就留下信言说：倘若将来能够回国，遇晋楚两国交战，他一定会让晋军退避九十里，以谢今日收留之情。这便是"退避三舍"这个成语的由来。后来，战况果如重耳当日所言，晋楚两军对决，晋军如约退避九十里之后才战，最终晋国还是赢得了城濮之战的胜利。而就在晋军后退之时，军吏曾表示过强烈反对，认为国君躲避之态十分耻辱，楚军又已是疲惫不堪，正该一鼓作气攻而破之。但重耳的舅舅子产，就代替重耳发言说，如果没有楚国的前恩，就没有晋国的今天，我们不能背弃恩惠而食言。此战也成就了晋文公重耳一代春秋霸主的地位。而成就他的，不仅是实力的响亮，更是人格的响亮。同时，成就晋国的，不仅是国力的强大，更是国格的强大。这也是《孔子家语》里讲的："轻千乘之国，而重一言之信。"国家一言之信，胜过万马千军。

　　国家对外要维护信用，对内也要建立信誉，由此，面对民众才能形成政府公信力。《论语》中就记载有关于公信力的讨论。学生子贡曾向孔子询问治国之政，孔子说"足食，足兵，民信之矣"，意思是，粮食充足、兵力充足、人民信任政府，这就是治理政事之要。但子贡总有进一步的思考，他继续追问，如果在这三者里必须去掉一项，能去掉哪一方面呢？孔子说："去兵。"子贡还想探寻答案的唯一性，于是又问，如果再去掉一项，对于粮食充足与人民信心，能放弃哪一方面？然而这道艰难的选择题没有令孔子踟蹰为难，孔子斩钉截铁地告诉他："去食。自古皆有死，民无信不立。"孔子的治国理念是，在万不得已之时，粮备可以去掉，因为没有粮食，也不过是死而已，但自古以来就是谁也免不了死亡的。可要是失去了人民的信任，国家就再也立不起来了。

因此，政府必须要取信于民，这就是中国文化中的问政、论政。为此，宋代宰相王安石亦从治国实际出发，言古论今地总结说"自古驱民在信诚，一言为重百金轻"，政府传递给人民的信义力量，贵重超过百金，这就是中国思维中的政论、政见。

所以，国之信，重九鼎。对内，民无信不立；对外，国无信不威。

（二）民无信不立

信，与个体每一个人的关联都极为密切。我们平日里，一句邀约的问候语、一篇工作的计划书、一段信誓旦旦的承诺，其实都是在进行着某种信约的发起和践行，而在这过程中，可能言者无心，然则信者有意。每一天的言行印证、每句话的结果论证、每个人的印象旁证，都比印盖在契约上的人名章更具真实度，更具说服力，更具考验性的人生信义证明。

信，就是要对自己的每一句话负责。也许有时候只不过是夸张的表达、只不过是随意的应答，可是语言过后没有行为的续接，没能圆满地完成，这段话就缺少了漂亮的收尾，这个人就缺少了完整的责任意识。总是言过其实，便成了言而无信的人。正如孔子感叹的："人而无信，不知其可也。"一个人如果不讲信义，那就简直不知道他该怎么办！

所以古人出言十分谨慎。在战国时期的《春秋谷梁传》里就态度鲜明地指出："言而不信，何以为言！"如果不能守信，那何以要说话！到汉代的《大戴礼记》更是同意这观点，说："可言不信，宁无言也！"如果言而无信，那就宁可不要说话！宋代的程颐进而总结道："人无忠信，不可立于世。"没有忠信之心的人，就不可立世为人。这样看来，信，并不是品格的高层次要求，而是人生的必要性条件。

故此，古人对"信"的教育和反思，是时刻警醒在心头的。《韩诗外传》中，就记载了"孟母不欺子"的一段故事。孟子小时候，和其他小孩一样喜欢好奇地问为什么，他看到邻家杀猪，就问母亲，他们为什么要杀猪呢？孟母心不在焉地随口打发他说：为了杀猪给你吃！但是话语刚脱口而出，她就后悔了，想到孩子已经有了认知观念，怎么可以传输他"人无信义"的理念呢？于是，节俭度日的孟母却大方拿出钱来，向邻家买了猪肉做给孟子吃，只为给孟子传达"言出必行"的教育理念。孟子后来能成为仅次于孔子的儒家"亚圣"，实在离不开母亲对他幼年的苦心教育。

育人如此，自育亦然。孔子的学生曾子，就不忘时常对自身进行反思教育，他要求自己每天多次反省："为人谋而不忠乎？与朋友交而不信乎？传不习乎？"为人办的事尽心了吗？与人相交是诚信的吗？所学知识都践习了吗？为事要忠、为人要信、为学要习，儒家最看重的人生品格里，信，就是关乎能否立身的重要一条。

信，是一种品格，一言既出，驷马难追。

信，是一种责任，一言九鼎，一诺千金。

信，更是一种准则：人无信不可，民无信不立，国无信不威。

（三）人无诚不行

信，是一种行为验证，然而"诚信"这个词，是"诚"在"信"前，是"诚"比"信"更为重要。诚，是内心自觉。诚信，必须心意真诚，才好信守约定。

所以孔子论诚信，在人所熟知的那句"言必信，行必果"

之后，加了一句令人惊愕的话："言必信，行必果，硁硁然小人哉！"他说，出言就必须要信守，做事就必须要坚定，这并非君子所为，而是没有判断能力、不问是非黑白、浅薄固执己见的小人行径！这句话真是石破天惊！言行一致，居然并不一定代表诚信品格？——在孔子这句话里，就涉及到了"诚"的重要性：假如被迫做出的承诺，不是本心所愿，假如一时糊涂的约定，不是正义所为，那么，还要去义无反顾地必须践行它吗？假如对坏人做出了违心承诺、假如做歹事顺从了错误约定，这些权宜之计、这番歪理邪说，反倒要如约信守吗？当然不是！只有正义才值得信守，只有诚恳才甘愿信诺——内心的愿意，才是守约的根本！

　　对于孔子这句惊人论断，从小受诚信教育长大成人的孟子就深以为然。孔子只是说了小人的言行，孟子便明确补充了君子的言行。《孟子》中说："大人者，言不必信，行不必果，惟义所在。"通达智慧的君子，所言不一定就拘泥信守，所行也不一定要执迷结果，所有为人行事的准则，都是必须要合乎正义。"惟义所在"，唯有正义存在，才能心正意诚。

　　所以宋人晁说之也说，"不信不立，不诚不行"，人无信，不可立，心不诚，不能行。如果不讲最重要的诚心实意，仅是凭"信"的单一结果就来衡量人品，未免会有失偏颇。没有心之诚在前，信之行就成了僵化的思维、固执的行径、刻板的教条、拘泥的桎梏、不情不愿的强迫、形式主义的空洞。而民国时期，修炼到了"华枝春满，天心月圆"之圆融大境界的弘一法师，便说道："内不欺己，外不欺人。"不欺人，就是"信"，不欺己，就是"诚"，如此内外统一、表里如一，才是"诚信"的本质。

　　诚，正是中国文化以浓墨重彩论述的重要内容。

　　《大学》里讲到，"欲正其心者，先诚其意""意诚而后心正"，孟子所言的正义、正心，都是从"意诚"开始的：能怀赤诚之心，能秉真诚之性，能发坦诚之言，才能遵循正义的理，才能拥有正直的心，才能奉行正义的事。

而《中庸》里又说："诚则明矣，明则诚矣。"心诚才能洞明真理，洞明真理才算真正心诚。所以，在不明理时，如果做出了错误承诺，那本就是心不正、意不诚的，怎能再信其言、顺其非，怎可让错言再继续荒谬地履行？

《中庸》言"诚者物之终始，不诚无物，是故君子诚之为贵"，诚，贯穿了万事万物的始终，发心不诚就没有万物，因而君子要以诚为贵。这也正是"中庸"这一智慧思想的重要出发点，中庸之道的方法就是：本于诚，用于中，致于和。

"诚"是君子最为看重的本心，先做到"诚"，其后才能达到《孔子家语》里描述的理想状态："言必诚信，行必忠正。"诚信这个词，因而涵盖着内外两方面的意义：诚于中，信于外。

诚信之道要"诚于中"、中庸之道要"本于诚"，由此可见，诚之为贵，就在于它关乎着内心的本源，是为人为事的出发原点。若本末倒置，只要求表面行为的达标而忽略了对内心意愿的安顿，便是缘木求鱼，便是背离了"诚信"的本质意义。

《中庸》说："唯天下至诚，为能经纶天下之大经，立天下之大本，知天地之化育。"只有天下最为诚心的圣人，才能掌握治理天下的根本法则、树立天下的根本德性、了解天地万物化育的根本道理。

国之诚信，在固邦，在安民。

人之诚信，在立世，在明道。

荀子说，"养心莫善于诚"，那么也可以说，正行莫善于信。

诚信为人，就是养自我清洁之心，正自身坦荡之行。

诚信对人，就是养天地浩然之气，正道义永存之风。

历史故事讲诚信

诚信的历史故事

诚信，就是诚于中、信于外。内部心理诚实无伪，外部行为信守诺言，言行相符，心口相一，内外一致，表里如一。

北宋科学家、政治家沈括，在他著名的《梦溪笔谈》里，就记载有大词人晏殊诚信为人的往事。

晏殊官至宰相，在北宋政坛上举足轻重；而在文化方面，更是与其子晏几道，被合称为"二晏"，父子两代人共同成就婉约词的文学高峰；而晏殊的诚信品格，更是成就了他为人上的品格高峰。

少年时代的晏殊就才名远扬，于是有官员惜才，把他举荐到御前。当时皇帝正准备为新科进士们主持考试，便让年少的晏殊与莘莘学子一同参加御试，察看他的水平。

晏殊坦然应试。而当他接到考题时，立刻当堂表示：这个题目，正巧是我十天前刚刚做过的！我当时写的文赋草稿还在手边呢。为保证公平考试，还请另行出题吧！

皇帝闻知此事，被他这种不愿投机取巧的坦荡精神打动，非常赞赏晏殊的诚信。

《论语》里面记载，孔子曾说过："人而无信，不知其可也！"一个人如果连信用都不讲，就不知道他还能做什么！——对于晏殊来讲，他展露给世人的才华，只是他人生进阶的起点；而他展现给世人的诚信，才托举起他未来成就的基石，才确保了他毕生品格的高度。

所以宋代儒学家程颐就说："人无忠信，不可立于世。"而晏殊在入朝为官之后，继续着他诚信于人的品质，立于朝堂，立于世事。

晏殊走马上任时，正值北宋天下太平，皇帝也允许臣子们自行选择好地方宴饮游乐。一时之间推杯换盏成风，从上到下官员们都热衷于宴饮集会，所有的酒家饭馆、高楼小店，都成了官员游玩休息的集会之所。

那时候的晏殊，因为家境贫穷，无力应酬往来。于是在同僚们相互请客宴饮的热闹声中，他每每闭门在家，与兄弟研习学问。

一日，皇帝要为太子选任老师，宫中突然颁布诏令，宣布由晏殊担任，就连传达政令的官员也说不出来个中原因。第二天，皇帝解释道：最近听说臣僚们无不大肆享乐，宴请嬉游，从白天到夜里玩个不停。只有晏殊不肯耽于嬉戏交游，在家与兄弟安心读书。这样谨慎忠厚之人，正堪为太子的老师啊！

晏殊受命上任，拥有了面圣对话的机会。就在皇帝当面告知任用他的缘故之后，晏殊非常质朴恳切地坦言道：我并非天生不爱宴饮游乐，实在是因为我家里贫穷，没有享乐之资。如果我有钱的话，也会随之聚会。只不过是因为我没有财力参加，不是因为我多么高尚啊。

皇帝听后，反而更为赏识嘉奖晏殊的诚实，对他识大体的品性更加信任眷酬。所以，终宋仁宗一朝，晏殊都被委以重任。

《左传》中说："信，国之宝也。"晏殊能成为国之栋梁，实是因为他拥有堪当"国之宝"的诚信内质。

诚信之于国家，如《孔子家语》言，"轻千乘之国，而重一言之信"，诚信之国，一言九鼎，一诺千金。

诚信之于社会，如《论语》讲，"自古皆有死，民无信不立"，诚信社会，言必诚信，行必忠正。

诚信之于个人，如宋代文学家晁说之说，"不信不立，不诚不行"，诚信为人，内不欺己，外不欺人。

国之诚信，在固邦，在安民；人之诚信，在立世，在明道。

诚信，如扎实厚重的土壤，培育出生命力旺盛的人生果实。人无信不可，民无信不立，国无信不威。

学习经典说诚信

"以其昏昏，使人昭昭"是不行的！

2013年3月1日，习近平总书记在中共中央党校建校80周年庆祝大会暨2013年春季学期开学典礼上发表讲话，他警示道："'以其昏昏，使人昭昭'是不行的！是要贻误工作、贻误大事的！"

（一）权威者的"昭昭"

"以其昏昏，使人昭昭"，出自儒家经典《孟子》。原话是说："贤者以其昭昭，使人昭昭；今以其昏昏，使人昭昭。"

"昭昭"表示内心清明、事理明白，"昏昏"表示内心糊涂、认识不明。孟子说，过去的贤人，是首先使自己明白透彻，然后再去指挥和教导他人，使别人也能清楚明白；而今天的人，是自己都糊里糊涂、见识不清，却还妄想去教人明白，实则是在误导他人、混淆视听。

能因为自己或者"昭昭"，或者"昏昏"，从而对他人造成深刻影响的，一般来讲，要么是管理者，具有掌控权，要么是宣教者，拥有话语权。

而这两方面角色，都极为重要：

管理者有能力决定着人们的行为走向；

宣教者深刻影响着人们的精神导向。

因此，若自己不是"昭昭"的，就可能会致使一个群体，甚至一个时代，乃至一代人，都是"昏昏"的。

所以说首要在于给管理者以有效的管理，给宣传者以正确的宣传，给教育者以优质的教育，给培训者以过硬的培训。因为这些角色，他们的所思所感、所书所言，是灌溉人心的水之源，是引领思想的指南针，是指导行动的说明书。

源头"昭昭"，水才能清；方向"昭昭"，路才能远；人的理念"昭昭"，社会的发展才能健康。

（二）管理者的"昭昭"

管理者特别需要"昭昭"的，是理念原则和实干能力。

首先要明白，他之所以领导某个团体，是为了实现群体共同的理想，是为了贡献个人出众的才干，是为了承担社会赋予的责任。

人在什么时候最容易"昏昏"呢？《史记》里讲"利令智昏"，私利最容易蒙蔽心智、搅乱心神。倘若管理者对原则性理念的把持是昭明而清晰的，那么就可以避免很多昏聩想法和糊涂决定。

同时，管理者需要"昭昭"的还有具体的实干能力，要谨记"学而优则仕，仕而优则学"。能处在号令一方的位置上的，往往是学有所成者，也就是"学而优则仕"，学得好才能出仕，学以致用；而在仕途上也要不断再学习、再深造、再提高，保持"仕而优则学"的状态，习以为常。只有这样，理论和实践相互印证、反复提升，才能促使头脑清醒、心智清明，才能"以其昭昭，使人昭昭"。

（三）文教者的"昭昭"

文教者需要"昭昭"的，是理论知识的正确性和传播方式的适宜性。

当文化繁荣时期的广泛社会需求到来，有多少文化教育者实则都成了文娱投机者！靠零散的一知半解来"江湖行道"，靠文化的碎片稀释来灌输"鸡汤"。

但教育之所以是"百年树人"的深远工程，就在于它不是投机倒把、缺斤短两的"行商"，也不是偷工减料、不讲火候的"速食"。文化需要营养充足的土壤来扎实根基，教育需要阳光雨露的润泽来稳定成长。日不昭昭，天不清朗；养料输送不昭昭，万物生长就不清正。

文教者自身要"昭昭"的是：偷奸耍滑的"江湖气"不可取，迂腐僵化的"古板气"也不可取；文教的"正气"不等同于"腐气"，文化的"厚重"也不等同于"沉重"。

文化教育的阵营似乎总是容易两极化，或者特别夸夸其谈而少学术支撑，或者特别佶屈聱牙而少应用变通。也就是，或者对文化缺少敬畏心、精益心，或者让文化缺少实用性、灵活性。

但是"文化"不仅在"文"也在"化"，必须要能化入人心、化成天下。也就是，既要保证"文以载道"的内容正确，也要实现"文以化人"的方式适宜。

倘若一个社会的文教工作总是缺少学术性的精英，而多娱乐式的明星，那么这个社会就是浮夸的。

倘若一个国家的文化内容总是缺少意趣化的发展，而多教条化的刻板，那么这个国家又是僵化的。

掌控话语权的文教者，本身的"昭昭"是一面旗帜——他们的作品创作和育人方式，彰显着一个社会的文明气象，也喻示着一个民族的未来气质。

（四）宣传者的"昭昭"

宣传者需要"昭昭"的是，要明白宣传的正义性和宣传的艺术性。

太多的政策、活动、单位、个人都需要宣传，但是，不基于正义性的宣传，是丧失是非立场的，甚至是解构话语权信义的。这就是为什么很多危机公关反而倍加招惹了社会讨伐的缘故，因为没有把握住宣传的目的是勇于面对、解决问题，而不是文过饰非、逃避责任。

而那些本就立场错误的宣传就更不用说——孔子有言，最可恶的宣教行为是"言伪而辩"。也就是，很多听上去似是而非、貌似有理的言论，本质上是一种歪理和诡辩，却能起到混淆视听、祸乱人心的作用，这是用心不良的"使人昏昏"。

宣传者由于自己本身就浑浑噩噩、辨识不清，还有更为常见的"使人昏昏"之举。比如，很多大唱赞歌的吹捧，看似是在宣传正面形象，其实是在进行一场"高级黑"的捧杀，而宣传者自己可能还不自知——他的一腔热情，实则为宣传对象招致的是更难"洗白"的恶劣印象。过犹不及带来的反感，就是宣传者见识不明蛮干的"昏招"。颂词不等于谀辞，捧杀并不是维护。

丧失正义性的宣传，是愚蠢的甚至是自取其辱的；缺乏合理性的宣传，是苍白的甚至是适得其反的。这都是宣传工作必须要"昭昭"的原则。

"圣化昭明，观人文以化成天下"，掌握有社会影响力、占据着高度话语权的角色，身负言责，承担重任，务必要最先懂得"贤者以其昭昭"的道理。当最有能力实现价值引导作用的这些社会角色，依从诚信、凭信正念，做到了"以其昭昭，使人昭昭"，社会才能走向《尚书》中所描述的状态即"百姓昭明，协和万邦"。

传统文化论友善

友 善

社会主义核心价值观在个人层面的第四个价值准则，是友善。

"友善"这个词，应该拆分为两部分来看：

"友"是友好，表现友好，这是表面现象，是行为要求；

"善"是善良，心怀善意，这是内心态度，是心理要求。

如果只强调表层的友好、不顾内心真情实感，就容易沦为伪善；

如果只强调内部的善心、不谈如何外化于行，就容易产生隔阂误会。

所以，"出于善意的友好"，才是"友善"这个词对于人际关系的完整诠释。

（一）与人为友，心从善念

在我们的人际交往中，会面对这样的两类人——其中一类，是我们喜欢的、认同的、看重的人。他们要么从客观本身，就是正面的典范、优秀的代表；要么从主观意识上，与我们秉性相投、志同道合、性情契合；要么，是拥有的职权、地位、名望、资历等因素，对我们产生着重要影响而使人不能不重视。总之，这一类人，每个人都会比较本能地以友好态度相对。我们姑且称这一类群体，是人际交往中的积极关系人群。

面对积极关系人群，友好以对是自然而然的，所以此时我们需要自省的就是：面对这些重要人士，我们表现出的友好，是否真正是出于善意的本心？容易做到的，是外表友好，不容易的，是内心能否与外在行为保持同频的善意——我们是否会出于顺从而言不由衷？是否会因为追捧而言过其实？是否会出于权威而阳奉阴违？是否会因为迁就而表里不一？……此时，追溯这份友好表现的内心出发点，就格外重要。

对于本心不同而表面为友的人，在《论语》里有明确的论述，孔子提出了"益者三友""损者三友"：对人有益的朋友有三种，益友的特点是"友直、友谅、友多闻"，也就是正直的朋友、诚信的朋友、博闻广识的朋友；而对人有害的朋友也有三种，损友的特点是"友便辟、友善柔、友便佞"，也就是一味谄媚逢迎的朋友、表面奉承却背后毁谤的朋友、总是花言巧语而所言不实的朋友。

虽然是表面为友，但内心是否诚恳善意，孔子在两千多年前就已看得清清楚楚。然而当我们身处友朋之中，当我们作为他人之友的时候，却常常浑浑噩噩、混沌不清。友好的态度、顺耳的笑语、入眼的欢颜，往往模糊了诚意与浮夸的界限，掩盖了真情实意与别有用心的本质。甚至，那些嘘寒问暖之姿可能已经顺延成了社交上虚与委蛇的习惯，似乎表象上的其乐融融，就是我们追求的友善关系。但是，我们是否真的敢于叩问，当浮华洗尽，还有几个朋友依旧住在自己心里？自己又能留在几人心里？

因此孔子的弟子曾参，领悟到老师的教导之后，就每天自省多次、追问内心。他说："吾日三省吾身——为人谋而不忠乎？与朋友交而不信乎？传不习乎？"他每天多次反省自身，问自己：我为别人做事，是否有不忠诚于人的时候？我与朋友相交，是否有不诚信于心的时候？我学习到的知识，是否有践行不够的地方？

在传统文化里，并不追求门庭若市、高朋满座的浮华朋友，易聚易散；中国文化认可的，是君子之交、其淡如水的诚心待人，善始善终。

以此对照，当我们作为主导者，呼朋唤友、乐在其中的时候，当我们作为从属者，三五成群、众星捧月的时候，我们能否坦然回答：自己和他人的友好相交，都是善意相对、不掺邪念的？

诸葛亮在《论交》里说："势利之交，难以经远。士之相知，温不增华，寒不改叶，能四时而不衰，历险夷而益固。"出于势利的交往，不可久长，不会稳固。而君子相交的弥足珍贵，就像是种下一棵常青树，在温暖的顺境里不必去刻意地锦上添花、增枝加叶，在寒冷的逆境中也不会担心他改投别处、落井下石。君子之交，能够经受任何时节的考验，而在患难之时更显坚固。

在"友善"概念里，"善"的重要性，就如同那常青树的根基，促发着地表上生长出友好的绿叶与鲜花。然而花叶都还只是美好的表象，善意才是这棵树之所以长存的基础。花落花开的外观是表象，可顺其自然；坚如磐石的善心在内里，才不可更改。

《孟子》说："君子莫大乎与人为善。"与人为善，是君子最高的德行。善中友外，方为友善。

（二）与人为善，给人机会

面对积极关系人群，我们在表现出友好的同时，要注意自己发心是否真诚善良。而面对那些我们不认同、不喜欢、不在意的人，比如与自己意见相左、志向不同的人，或者是职位成就、学问水平、生活质量甚至道德品性都低于自己的人，我们常常就会怠慢、会轻视、会疏忽，更有甚者，会势同水火、恶言相向。每个人生命里都存在着这部分人，而且我们每天遇见的绝大多数人都属于这个群体，比如陌生人，比如点头之交，比如身份低于自己的人，比如本身素质不高的人……与这类人的相交，其实更加构成了我们无所不在的交往空间。我们姑且称呼这一个人际群体为人生中的非积极关系人群。他们并不是我们抱有强烈主动性，想要去交往、去了解、去友好相待的对象。

然而任何一类人、任何一种交往，都是生活中必须要面对和经营的一部分。如果总是让这一部分，以消极之心、以怠慢之态、以无礼之姿去对待，那么，这种消极、怠慢、无礼，首先就构成了我们自己人生整体的一部分，就已经在消解着生活对于我们自己的友好。所以，面对非积极关系人群，是否能秉持理智的友好，才更深层次地体现出一个人的修为。

而怎样达成这份修为，我们还可以翻开《论语》找答案。《论语》对于为人处世最深远的指导意义之一，就在于它提出了"忠恕"的概念。在《论语》里，有这样一段遗响千年的对话：

子曰："参乎！吾道一以贯之。"曾子曰："唯。"子出，门人问曰："何谓也？"曾子曰："夫子之道，忠恕而已矣。"

孔子向曾参传道，跟他说：我所有的学说，都是由同一个基本思想贯穿的。曾参领受其意，而其他学生却不明所以，便纷纷向他求教。曾参对大家感叹：老师的学说，其实就是"忠恕"二字啊。

曾参是孔子座下天分极高的弟子，他与孔子的这段对话，犹如佛祖拈花、迦叶微笑、了悟于灵犀、受教于无言。而曾参后来也确如迦叶发扬了佛教一般，成了对孔子儒学思想既有继承更有发展的一代"宗圣"，被尊称为曾子。他与孔夫子在一问一答间，提炼总结出的这个"忠恕"至理，也提供给了孔门弟子、世间君子一条得以依此行事的金科玉律。

忠，就是尽己之心，以待己之心去待人，所谓"己欲立而立人，己欲达而达人"，自己想立得住，也要使别人立得住，自己想行得通，也要使别人行得通，也就是，尽我之心，忠人之事；恕，就是如人之心，就是换位思考，不仅尽自己之所愿，更能想他人之所想，也就是"己所不欲，勿施于人"，能够将心比心。孔子的另一位学生子贡，又问过老师：是否有一个字就可以作为终身座右铭的？孔子肯定地回答说："其恕乎。"恕，这个字就是至关重要的、可以奉行终生的指导思想。

"忠恕"正是对友好的维护、对善念的彰显。忠恕，不仅是古代知识分子个人修为的守则，更是当代世界风云变幻中具有现实意义的准则。

比如，旷日持久的巴以战争，是宗教信仰的冲突；以美苏为首的东西集团冷战，是政治形态的冲突；文化输出与文化侵略的论争，是文明形态的冲突；国内的贸易顺差与国外的反倾销举措，是经济体制的冲突；不同年龄段人群的代沟，是价值观念的冲突；旧有事物对创新态势的打压，是思维模式的冲突……所有这些差异下的冲突，究其避免和解决之道，都可在"忠恕"的心态中寻找答案。如此，就不会再用固执去拒绝异类，用偏激去反对异见，用自大去打击新生，用霸权去迫害弱势。

"忠恕"是如此重要的一种品格，可以赋人以同情，从而善于理解；赋人以体贴，从而擅于关怀；赋人以宽厚，从而敏于帮助；

赋人以善意，从而乐于奉献；赋人以通达，从而肯于沟通；赋人以高贵，从而敢于包容。

忠恕，会让世界懂得：即使不同意，也要坚决尊重，即使不理解，也该保持平和，即使不支持，也需文明礼敬。

以"忠恕"的标准来衡量自己，当我们面对不如自己的人时，能否站在他人的立场上，去体谅和理解，去宽恕和包容，能够不吝啬地给予友好呢？比如，每当我们出入门庭、路过保安，能否道一句不冷漠的问候？每当我们接收快递、收受邮件，能否说一句不漠然的感谢？每当我们购买服务、享受照顾，能否留一个不冰冷的笑脸？每当我们在车厢电梯与路人同处，能否在眼神相接时给一个不失礼的点头示意？……

而面对那些以前曾有过失，或是与自己曾有摩擦的人，我们就可以从此理直气壮地敌视他们、攻击他们、伤害他们了吗？孔子的一字之教告诉我们，"恕"就是"己所不欲，勿施于人"，而《增广贤文》劝说我们"以责人之心责己，以恕己之心恕人"，《左传》又告诫我们"人谁无过，过而能改，善莫大焉"——能否促使自己善心不堕，能否促发他人向善转化，能否促进关系转为善交，就从我们以善良之愿、理智之心而秉持的友好态度开始。

所以，友善的意义不仅在于与人为友，心从善念，还在于与人为善，给人机会。

（三）与己为友，首存善心

友善，不仅是面对他人、面向外部世界的一种态度，同时也是面对自己、面向内部心灵的一种精神。一个不能与自己首先为友、不能本身发心善良的人，必然是无法处理好与他人、与社会的友善关系的。

所以《中庸》才会说："故君子慎其独也。""慎独"，是中国文化里重要的自我警醒。一个人在独处时的心理状态和行为状态，是他发散开来、走向世界的源点。

一个能够反省内心、明察优劣、充实自我、享受孤独的人，才是一个具有人格独立性的人。他不会因为惧怕寂寞而不加分辨、交下酒肉朋友，不会因为缺少主见而人云亦云、盲目随波逐流，不会因为无所事事而浮躁草率，以寻衅滋事为乐，不会因为信念不定而被人左右，偏激从众行事。正如诸葛亮在《诫子书》里说："非淡泊无以明志，非宁静无以致远。"淡泊宁静，就是能君子慎独，能与自己安然为友；明志致远，就是能推己及人，能与社会友好长处。

所以，人要首先培养一颗常存善念的心，能与自己做朋友，能对话真实的自己，而后才能安身在社会中，无论环境如何冲击，无论事态如何变幻，都能不忘初心、不失本性，都能友善待人、友善处世。

《管子》说"善人者，人亦善之"，《老子》说"天道无亲，常与善人"——假如我们感觉这个社会还不够友善，那么正是说明，作为社会一分子的我们，对这个社会还不够友善。当我们用自我的一份友善，去逐步点亮自己和周围的时候，就是"星星之火，可以燎原"的开始。

历史故事讲友善

友善的历史故事

友善，友好而善意。友善的要求，既可以是一种内心准绳，也可以是一种行为准则。怀友善之心对人、行友善之举待人，在思想意识上心从善念、在行为举止上与人为善。

正如外国的谚语说，"赠人玫瑰，手有余香"，而中国的民谚也讲，"善为至宝，一生用之不尽；心作良田，百世耕之有余"。友善的心念和行为，如一朵花开，既美好了自己，也芬芳了他人。利人利己，善莫大焉。

这样惠人惠己的友善风范，可以在今天安徽省桐城市的著名景观"六尺巷"中，感受到那一份嘉言懿行。

晚清学者姚永朴的《旧闻随笔》里及《桐城县志略》里，都记载有"六尺巷"的事迹。清代康熙年间的一品大臣张英，即后来雍正时期内阁首辅张廷玉的父亲——张家权倾朝野，父子两代都深受朝廷重用，可谓是宰相之家。然而张家的家风，却甚为谦和友善。

就在张英任职期间，有一天，身在京城的他接到一封火急火燎的传来家书。从老家安徽桐城千里传书，自然是有委决不下的重大事项求助于他。他展信一看，原来是老家人与邻居发生了冲突，希望倚仗他的官威来帮家里解决此事。

张家与邻居吴家的宅院之间，有一条东西走向的窄巷，巷南是张家，巷北是吴家。这一条窄窄的街巷年深日久，也说不清楚在祖上究竟该属于谁家的宅界。此时恰逢吴家要扩建住宅，打算越界占用巷子的用地，张家自然不肯相让，两家便开始争抢这一条巷子，各说各理，争执不休。这场用地之争，连当地县官也难以裁决，所以张家人一气之下，便修书一封向张英告状，希望张英出面整治吴家，出一口气。

但张英接到家书后，并未擅用职权而陷入两家占地的意气之争里。他以轻松又教诲的口吻回信一封，对家人陈词：

"一纸书来只为墙，让他三尺又何妨？长城万里今犹在，不见当年秦始皇。"

张英半开玩笑地指责家人不该小题大做，如此动气地千里告状，却只不过是为了区区小事的蜗角之斗。就算一笑了之地让给对方三尺地，又有什么不行的呢？哪怕是秦始皇能建起万里长城那样屹立不倒的雄伟城墙，他自己却早已作古，无法再争什么了。我们今天又何苦为这一堵私宅院墙而做触蛮之争？有何意义？莫不如退一步海阔天空，与人为善，休争闲气。

张家人收到信，读懂了张英的教育，甚有感触。于是就像信中写的"让他三尺又何妨"，张家主动撤让三尺，和善睦邻，不再与吴家相争。而吴家感动于张家的仁义善行，也随之向善，把自家院墙也从巷子里回撤了三尺。这样一来，这条街巷两旁各退让出三尺，便有了"六尺巷"名字的由来。

张英用自己的善意感染家人，张家再用自家的善行感染邻居，两家又用共同的善举感染世人……这就如同《管子》里说，"善人者，人亦善之"，友善仿若是"星星之火可以燎原"，会一颗心感动一颗心地传递开来，会一代人感怀一代人地传承下去。

张英的以和为善，并非是软弱可欺，而是他明白《左传》里面的话，"善不可失，恶不可长"。如果他利用权力争得当下一时的胜利，就会助长家人以后骄傲恣肆的心态，和善之心一减，蛮横之心便起。而良善之心的丧失，才是最大的损失，才是埋下了人生最长远的失败的伏笔。

就像明代文臣方孝孺所说："交善人者道德成，存善心者家里宁，为善事者子孙兴。"汉代《中论》里也记载说："人而好善，福虽未至，祸其远矣；人而不好善，祸虽未至，福其远矣。"而《周易》里更是讲："积善之家，必有余庆。"

友善，就是与人为友、心从善念，如《论语》道"己欲立而立人，己欲达而达人"，助人助己，乐善好施。

友善，就是善心不堕、初心不失，如《论语》讲"己所不欲，勿施于人"，换位思考，将心比心。

友善，就是善中友外、与人为善，如《孟子》言"故君子莫大乎与人为善"，一心向善，止于至善。

学习经典说友善

见善则迁，有过则改

2014年5月4日，习近平总书记在北京大学师生座谈会上，引用过一句并不罕见却意味深长的古语。他对师生们说："要修德，加强道德修养，注重道德实践，要'见善则迁，有过则改'。"

（一）向善进益

"见善则迁，有过则改"，这句古语的字面意思简单易懂：见到好的要学习改进，有了错误要及时改正。"善"是美好的意思，"迁"是转变的意思。

但这句话的出处并不简单，它出自中国哲学智慧的源头《周易》。《周易》中有一卦为益卦。益卦，从字面意思就可以看出这是相对吉利的一卦，而习近平总书记多次引用过的一句古语"凡益之道，与时偕行"，也是出自益卦。

益卦解释说："风雷，益。君子以见善则迁，有过则改。"在卦象上，上为风，下为雷，组成了一个意思为"益"的卦象。作为自然气象的风和雷，合在一起就愈发地风势足、雷势烈，彼此助益、互相增益，从而，这样的局面，就是增益，就是进益，就是有所益利。

对应天道，在人类行为上能有所助益、不断增益、彼此益利的是什么呢？就是"善"与"迁"能相配，"过"与"改"能相应，如同卦象上风与雷的叠加互动：知善，随之越变越好，有过，从而知错就改。那么，自己的"过"就不可怕，反而是向好的助力；别人的"善"也非压力，而是改进的动力。

对照前一日的不足，新一天要益发前进；把过错封留在旧岁，让善美成长在新年；用不够好的昨天，成就会更好的明天，用更完善的未来，感召进益中的现在，这就是"见善则迁，有过则改"。

（二）见善思齐

自先秦时代的《易·益》里产生这句话之后，后来人又有怎样的理解呢？

为《易经》补充作《易传》的孔子就说过："三人行，必有我师焉。择其善者而从之，其不善者而改之。"记录在《论语》里的这句话，流传甚广，而"择其善者而从之，其不善者而改之"，就是"见善则迁，有过则改"的再版。

不同于论述天人关系的《易经》，孔子讲述的大多是做人的朴素道理，所以他在传授这句话之前，还特意为弟子们增加了一个具体的生活化场景和容易操作的范式。但凡能有多人相处的时候，都要去发掘他人身上的优点，进行学习和自我提升，也要明白他人身上的缺点，用于警醒和自我纠正。

《易经》观察风与雷的相互作用，《论语》探讨人与人的进益模式。而唐代记录政经思想的史书《贞观政要》中训诫说："见善思齐，足以扬名不朽；闻恶能改，庶得免乎大过。"看到优善之处就向之看齐，足以能弘扬美名；得知错漏之处就加以改正，起码能免除过失。"见善思齐"，此语也类同于"见贤思齐"。

而把这些意思集中说明的，要看清代学者刘沅《家言》中的论述：

孔子于教弟子，即曰："泛爱众，而亲仁。"一言可以终身矣。至集益之法，"择其善者而从之，其不善者而改之"，见贤思齐，见不贤自省。

见善则迁、见善思齐，就是培养善于发现美的眼睛，保持善于接纳旁人的心态。在孔子"择其善者而从之"的世界里，只要是对同行者，即可有美善的发现，只要是看身边人，即能有学习的对象。所谓善者，从来不是生来就在光辉定格中的，而是成长于点滴日常中的。

（三）改过迁善

所以，人生不怕过失、不怕犯错，人非圣贤孰能无过，过错如能经过良好的转化和及时的改进，反而会是映照自我得失的镜子，敲醒认清歧路的警钟，是浪子回头的昨日之非，是弥足珍贵的迷途知返。

因而，佛家智慧也在谆谆教导着人心的善恶转变、改邪归正。像人们经常引用的"放下屠刀，立地成佛""苦海无边，回头是岸"，分别出自佛教的《五灯会元》和儒家的《朱子语类》，就是在说，一念成魔，一念成佛，有过能改，善莫大焉。

佛家渡人，是一直在给人"回头"的机会；文化育人，是一直在教导弃恶扬善的过程。就连武侠小说，也是在展示一个缺点重重的小人物，如何成长为一个光明磊磊的大英雄。比如在《神雕侠侣》里，主人公杨过，名过，字改之，就寓意着要他"过而能改"。杨过从一个偏执、任性、孤僻、冲动的少年，最终磨砺成一位赫赫有名、威震武林的"神雕侠"——作者让他当得起这一个"侠"字，就是在通过一个小说人物的成长历程，传递着"过而能改，善莫大焉"的人生道理，展示着过而能改、侠者居之的人生蜕变。

所以，人生就是一个不断修正的过程。君子养成、英雄长成、向善成佛、家国建设，都是在必然的错误中修正错误、在艰难的进益中始终进益的过程。

"见善则迁"，以平和心择善而从，以求贤心与之看齐；"有过则改"，以公正心评判他人，以进取心博采众长。

"见善则迁，有过则改"，就是谦虚好学、取长补短，就是清醒自知、闻过则喜，将嫉妒心理转化为向学动力，将自卑心理转化成自强心态。把旧时的"有过则改"，在新日里"见善则迁"，精益求精，止于至善。